Pape Satàn

Umberto Eco

Pape Satàn

Chroniken einer flüssigen
Gesellschaft oder Die Kunst,
die Welt zu verstehen

Ausgewählt, übersetzt und eingerichtet
von Burkhart Kroeber

dtv

Die Texte dieses Bandes sind eine Auswahl
aus *Pape Satàn Aleppe. Cronache di una società liquida*,
erschienen bei La nave di Teseo, Mailand 2016.

**Ausführliche Informationen über
unsere Autoren und Bücher
www.dtv.de**

2018 dtv Verlagsgesellschaft mbH & Co. KG, München
Lizenzausgabe mit Genehmigung des Carl Hanser Verlags
© 2016 La nave di Teseo Editore, Milano
© Carl Hanser Verlag München 2017
Umschlaggestaltung: dtv nach einem Entwurf
von Peter-Andreas Hassiepen unter Verwendung
des Bildes ›Umberto Eco‹ (1991) von Tullio Pericoli
Gesamtherstellung: Druckerei C.H.Beck, Nördlingen
(Satz nach einer Vorlage des Carl Hanser Verlags)
Gedruckt auf säurefreiem, chlorfrei gebleichtem Papier
Printed in Germany · ISBN 978-3-423-14648-7

Einleitung

Die Kolumne *La Bustina di Minerva* auf der letzten Seite des römischen Nachrichtenmagazins *L'Espresso* habe ich im März 1985 begonnen, sie erschien dreizehn Jahre lang wöchentlich, dann alle vierzehn Tage. Wie ich in der ersten Nummer erklärte, hatten die flachen Streichholzheftchen der Firma Minerva auf der Innenseite der Klappe eine leere Fläche, auf der man sich etwas notieren konnte, und daher plante ich meine Beiträge als knappe Notizen oder spontane Einfälle zu diesem oder jenem, was mir gerade durch den Kopf ging – meist angeregt durch aktuelle Fragen, aber ich fand es auch aktuell, wenn mich eines Abends plötzlich die Lust packte, eine Seite von, sagen wir, Herodot nachzulesen oder ein Märchen der Brüder Grimm oder einen Comic von *Popeye the Sailor*.

Viele dieser »Streichholzbriefe«, wie sie in der deutschen Übersetzung genannt worden sind, habe ich 1992 in mein Buch *Il secondo diario minimo* aufgenommen [deutsch in Auswahl: *Wie man mit einem Lachs verreist und andere nützliche Ratschläge*, 1993], weitere sind in der Sammlung *La Bustina di Minerva* erschienen, die Texte bis zur Millenniumswende enthält [deutsch in Auswahl: *Derrick oder die Leidenschaft für das Mittelmaß*, 2000], und einige finden sich auch in dem Band *A passo di gambero* von 2006 [deutsch in Auswahl: *Im Krebsgang voran*, 2007]. Doch in den Jahren von 2000 bis 2015 habe ich, rechnet man 26 Kolumnen jährlich, mehr als 400 Streichholzbriefe geschrieben, von denen einige, denke ich, noch präsentabel sind.

Mir scheint, dass alle (oder fast alle) in diesem Band versammelten Texte als Reflexionen über Phänomene unserer »flüssigen Gesellschaft« verstanden werden können, um die es in einem der letzten Streichholzbriefe geht, mit dem ich den vorliegenden Band eröffne.

Obwohl ich viele Wiederholungen beseitigt habe, sind einige vielleicht noch stehengeblieben, da sich in diesen fünfzehn Jahren gewisse Phänomene mit besorgniserregender Regelmäßigkeit wiederholt haben, was zu Rückgriffen und Beharren auf Themen geführt hat, die beunruhigend aktuell geblieben sind.

Ein Wort noch zum Titel. Im italienischen Original heißt dieses Buch *Pape Satàn Aleppe. Cronache di una società liquida*. Der Haupttitel ist ein Zitat aus Dantes *Göttlicher Komödie* (*Inferno* VII, 1), und obwohl Scharen von Interpreten versucht haben, diesen Worten einen Sinn abzugewinnen, sind die meisten zu dem Ergebnis gekommen, dass sie keinen präzisen Sinn haben. Sie werden bei Dante von dem Unterweltgott Pluto gesprochen und bieten sich als Ausdruck für jede Teufelei an. Daher schien es mir passend, sie als Titel dieser Sammlung zu nehmen, die weniger aus meiner Schuld als aus der unserer Zeitläufte ein Sammelsurium ist, das vom Hundertsten ins Tausendste kommt und somit die Flüssigkeit dieser fünfzehn Jahre gut widerspiegelt.

Die flüssige Gesellschaft

Die Idee einer »flüssigen« Moderne oder Gesellschaft stammt bekanntlich von Zygmunt Bauman. Um die vielfältigen Implikationen dieses Begriffs zu verstehen, empfehle ich das Buch *Stato di crisi* (Einaudi 2015), in dem Bauman und Carlo Bordoni über dieses und andere Probleme diskutieren.[*]

Die flüssige Gesellschaft beginnt sich mit jener Strömung abzuzeichnen, die man die Postmoderne genannt hat (was allerdings ein schwammiger »Dachbegriff« ist, unter dem sich verschiedene Phänomene versammeln, von der Architektur über die Philosophie bis zur Literatur, und keineswegs immer kohärent). Die Postmoderne markierte die Krise jener »großen Erzählungen«, die den Anspruch erhoben, der Welt ein Ordnungsmodell überstülpen zu können. Sie machte sich an eine spielerische oder ironische Neubesichtigung der Vergangenheit und überschnitt sich dabei in mancherlei Weise mit nihilistischen Bestrebungen. Aber für Bordoni ist auch die Postmoderne inzwischen im Niedergang begriffen. Sie war ein temporäres Phänomen, wir haben sie durchgemacht, ohne es recht zu bemerken, und eines Tages wird man sie wie die Vorromantik studieren. Sie diente dazu, etwas Neuentstehendes zu bezeichnen, sie stellte eine Art Übergang von der Moderne zu einer noch namenlosen Gegenwart dar.

---

[*] Deutsch nicht verfügbar, vgl. aber Zygmunt Bauman, *Liquid Times. Living in an Age of Uncertainty*, dt. *Flüchtige Zeiten. Leben in der Ungewissheit*, übers. v. Richard Barth, Hamburger Edition 2008 (A. d. Ü.).

Für Bauman zählt zu den Merkmalen dieser entstehenden Gegenwart die Krise des Staates – welche Entscheidungsfreiheit bleibt den Nationalstaaten angesichts des Machtpotentials der supranationalen Entitäten? Es verschwindet ein Gebilde, das den Einzelnen die Möglichkeit garantierte, die Probleme unserer Zeit auf homogene Weise zu lösen, und mit seiner Krise haben sich zugleich die Krisen der Ideologien verschärft und folglich die der Parteien und generell aller Appelle an eine Wertegemeinschaft, die es dem Einzelnen erlaubte, sich als Teil von etwas zu fühlen, das seine Bedürfnisse verstand und interpretierte.

Mit der Krise des Begriffs der Gemeinschaft entsteht ein hemmungsloser Individualismus, in dem niemand mehr Weggefährte der anderen ist, sondern nur noch Gegner, vor dem man sich hüten muss. Dieser »Subjektivismus« hat die Grundlagen der Moderne unterminiert und brüchig gemacht, so dass eine Situation entstanden ist, in der sich mangels fester Bezugspunkte alles mehr oder minder verflüssigt. Man verliert die Gewissheit des Rechts (die Justiz wird als Feindin empfunden), und die einzigen Lösungen für das Individuum ohne Bezugspunkte sind das Auffallen um jeden Preis, das Sich-Zeigen als Wert (ein Phänomen, mit dem ich mich oft in den Streichholzbriefen beschäftige) sowie der Konsumismus, das hemmungslose Konsumverhalten. Doch dabei handelt es sich um ein Konsumverhalten, das nicht auf den Besitz von Objekten der Begierde abzielt, um sich daran zu ergötzen, sondern diese Objekte sofort nach dem Kauf obsolet macht, so dass der Einzelne in einer Art zielloser Bulimie von einem Kaufrausch zum anderen taumelt (das neue Smartphone leistet kaum mehr als das alte, aber man muss das alte verschrotten, um an dieser Orgie der Begierde teilzunehmen).

Krise der Ideologien und der Parteien: Man hat schon gesagt, letztere seien heute so etwas wie Taxis, in die ein Volks-(ver)führer oder ein Mafiaboss mit Wählerstimmenpaket einsteigt, wobei er sie schamfrei auswählt, je nach der Gelegenheit, die sich ihm bietet – dies lässt sogar die Wendehälse verständlich und nicht mehr skandalös erscheinen. Nicht nur der Einzelne, sondern die ganze Gesellschaft lebt heute in einem kontinuierlichen Prekarisierungsprozess.

Was kann man dieser Verflüssigung entgegensetzen? Wir wissen es bisher noch nicht, und diese Übergangzeit wird noch ziemlich lange andauern. Zygmunt Bauman verweist darauf, wie typisch für diese Zeit (nach dem Ende des Glaubens an eine Rettung von oben, sei's durch den Staat oder die Revolution) die Empörungsbewegungen sind. Diese Bewegungen wissen zwar, was sie *nicht* wollen, aber nicht, was sie wollen. Und bekanntlich ist eines der Probleme, vor denen die Verantwortlichen für die öffentliche Ordnung angesichts der »Autonomen« oder »Schwarzen Blöcke« stehen, dass diese Protestgruppen nicht mehr etikettiert werden können, wie es früher bei den Anarchisten, den Faschisten oder den Roten Brigaden der Fall war. Sie schlagen zu, aber niemand weiß mehr, wann und in welche Richtung. Nicht einmal sie selber.

Gibt es eine Möglichkeit, diese Verflüssigung zu überleben? Ja, und sie besteht genau darin, sich bewusst zu machen, dass man in einer flüssigen Gesellschaft lebt, für die man neue Instrumente braucht, um sie zu verstehen und vielleicht zu überwinden. Das Dumme ist nur, dass die Politik und große Teile der Intelligenz die Tragweite dieses Phänomens noch nicht verstanden haben. Zygmunt Bauman bleibt fürs erste ein »einsamer Rufer in der Wüste«.

29. Mai 2015

I

Die Alten
und die Jungen

Dreizehn schlecht verbrachte Jahre

Vorgestern hat mich ein Interviewer gefragt (wie es viele tun), welches Buch mich in meinem Leben am meisten beeinflusst habe. Hätte mich in meinem ganzen Leben nur ein einziges Buch definitiv mehr als alle anderen beeinflusst, dann wäre ich ein Idiot – wie viele, die auf diese Frage antworten. Es gibt Bücher, die für meine zwanziger Jahre entscheidend waren, andere, die meine dreißiger Jahre prägten – und ich warte ungeduldig auf das Buch, das mich als Hundertjährigen aufwühlen wird. Eine andere unmögliche Frage ist: »Wer hat Ihnen etwas Entscheidendes für Ihr Leben beigebracht?« Das kann ich nie beantworten (außer mit »Papa und Mama«), denn in jedem Abschnitt meines Lebens hat mir jemand etwas beigebracht. Es konnten Personen an meiner Seite sein oder einige liebe Verstorbene wie Aristoteles, Thomas von Aquin, Locke oder Peirce.

In jedem Fall waren es nicht Lehren aus Büchern, von denen ich mit Sicherheit sagen kann, dass sie mein Leben geändert haben. Die erste war die der Signorina Bellini, meiner bewunderten Lehrerin in der Sexta, die uns als Hausaufgabe ein Stichwort nannte (wie Henne oder Lastschiff), über das wir eine Betrachtung oder eine Phantasie entwickeln sollten. Eines Tages behauptete ich kühn – ich weiß nicht, von welchem Teufel geritten –, ich würde jedes Thema aus dem Stand entwickeln. Sie schaute auf ihren Lehrertisch und sagte »Notizbuch«. Aus heutiger Sicht hätte ich über das Notizbuch des Journalisten oder das Reisetagebuch eines Afrikaforschers sprechen können, stattdessen bin ich zwar keck aufs Podium gesprungen, habe dort aber kein Wort herausgebracht. So hat mich Signorina Bellini gelehrt, dass man seine eigenen Kräfte nie überschätzen darf.

Die zweite Lehre war die von Don Celi, dem Salesianer-pater, der mir beigebracht hat, ein Musikinstrument zu spie-len (wie es scheint, wollen sie ihn jetzt heiligsprechen, aber nicht aus diesem Grund, der eher vom Advocatus Diaboli ge-gen ihn vorgebracht werden könnte). Am 5. Januar 1945 ging ich stolz wie ein Pfau zu ihm hin und sagte: »Don Celi, heu-te bin ich dreizehn Jahre alt geworden!« Er antwortet mir in mürrischem Ton: »Sehr schlecht verbrachte Jahre.« Was woll-te er mir damit sagen? Dass ich mich in diesem ehrwürdigen Alter einer ernsten Gewissensprüfung unterziehen solle? Dass ich nicht hoffen dürfe, für eine so einfache biologische Pflicht-erfüllung gelobt zu werden? Vielleicht war es nur ein norma-ler Ausdruck des typisch piemontesischen Sinns für Zurück-haltung, eine Verweigerung der Rhetorik, vielleicht sogar eine liebevoll gemeinte Gratulation. Ich glaube jedoch, Don Celi wusste und wollte mich lehren, dass ein Meister seine Schü-ler stets in die Krise treiben muss und sie nie mehr als nötig loben darf.

Getreu dieser Lehre bin ich immer sparsam mit Lob gegen-über denen, die es von mir erwartet haben, außer bei über-raschenden Ausnahmeleistungen. Vielleicht habe ich mit die-ser Zurückhaltung ab und zu jemanden leiden lassen, und wenn dem so ist, habe ich nicht nur meine ersten dreizehn Jahre schlecht verbracht, sondern auch meine ersten sechs-undsiebzig Jahre. Gewiss aber habe ich beschlossen, dass die beste Art, meine Zustimmung auszudrücken, eben die ist, keinen Tadel auszusprechen. Wenn es nichts zu tadeln gibt, dann hat jemand seine Arbeit gut gemacht. Ich ärgere mich immer über Ausdrücke wie »der gute Papst« oder »der ehrliche Zaccagnini«, weil sie den Eindruck erwecken, dass andere Päpste schlecht und andere Politiker unehrlich seien. Johannes XXIII. und Zaccagnini[*] haben einfach das gemacht, was man von ihnen erwartete, und es gibt keinen Grund, warum sie dafür besonders gerühmt werden sollten.

Aber Don Celis Antwort hat mich auch gelehrt, nicht zu stolz zu werden, egal, was ich vollbracht habe, auch wenn ich es gut und richtig finde, und vor allem nicht stolzgebläht herumzulaufen. Heißt das, man brauche sich nicht zu bemühen, seine Arbeit möglichst gut zu machen? Gewiss nicht, aber seltsamerweise erinnert mich Don Celis Antwort irgendwie an einen Ausspruch von Oliver Wendell Holmes jr., bei dem ich nicht mehr weiß, wo ich ihn gefunden habe: »Das Geheimnis meines Erfolgs ist, dass ich als junger Mensch entdeckt habe, dass ich nicht Gott bin.« Es ist sehr wichtig zu begreifen, dass man nicht Gott ist, die eigenen Taten immer anzuzweifeln und sich bewusst zu sein, dass man seine gelebten Jahre nicht gut genug verbracht hat. Nur auf diese Weise kann man versuchen, die restlichen besser zu verbringen.

Man wird mich fragen, wieso mir diese Dinge gerade jetzt einfallen, wo der Wahlkampf begonnen hat, in dem man, um Erfolg zu haben, sich ein bisschen wie Gott benehmen muss, also vollendete Sachen sagen, so wie der Schöpfer von seiner Schöpfung sagte, dass sie gut sei, und einen gewissen Omnipotenzwahn an den Tag legen, indem man sich

[*] Benigno Zaccagnini (1912–1989), Mitbegründer der *Democrazia Cristiana* und deren langjähriger Abgeordneter, 1959–60 Arbeits- und Sozialminister, 1975–80 Generalsekretär der DC, ab 1984 Abgeordneter im Europäischen Parlament (A. d. Ü.).

für unbezweifelbar fähig erklärt, das Allerbeste zu vollbringen (während Gott sich damit begnügte, die beste aller Welten zu schaffen). Meine Güte, nein, ich moralisiere hier nicht. Um einen Wahlkampf zu führen, muss man so vorgehen. Kann man sich einen Kandidaten vorstellen, der zu seinen erhofften Wählern sagt: »Bisher habe ich nur Mist gebaut. Ich weiß nicht, ob ich in Zukunft was Besseres hinkriege, aber ich will es versuchen.« Er würde nicht gewählt. Also nochmals, ich predige hier keinen falschen Moralismus. Ich muss nur halt, wenn ich die diversen Politikdiskussionen im Fernsehen verfolge, an meinen alten Lehrer Don Celi denken.

22. Februar 2008

Es war einmal Churchill

Neulich las ich einen Bericht über eine Umfrage in Großbritannien, aus der hervorging, dass ein Viertel der Briten glaubt, Churchill sei eine fiktive Person, ebenso Gandhi und Dickens. Umgekehrt hätten viele der Befragten (aber es wird nicht präzisiert, wie viele) zu den Personen, die real existiert haben, Sherlock Holmes, Robin Hood und Eleanor Rigby gezählt.

Als erstes würde ich hier dazu neigen, die Sache nicht zu dramatisieren. Es würde mich interessieren zu wissen, aus welcher sozialen Schicht das Viertel derer stammt, die keine klaren Vorstellungen von Churchill und Dickens haben. Wäre die Umfrage unter den Londonern der Zeit von Dickens gemacht worden, die man in den Bildern des Londoner Elends von Gustave Doré sieht, dann hätten mindestens drei Viertel der Zerlumpten, Verelendeten und Verhungernden nicht gewusst, wer Shakespeare war. Und es wundert mich auch nicht, dass Sherlock Holmes oder Robin Hood für reale Personen gehalten werden, der eine, weil es eine Holmes-Industrie gibt, die in London sogar Führungen durch seine angebliche Wohnung in der Baker Street macht, und der andere, weil es die Person, auf der die Sage von Robin Hood beruht, tatsächlich gegeben hat (das einzige, was Robin Hood irreal macht, ist der Umstand, dass man zur Zeit der Feudalwirtschaft die Reichen beraubte, um den Armen zu geben, während man seit dem Aufkommen der Marktwirtschaft die Armen beraubt, um den Reichen zu geben). Übrigens habe ich als Kind geglaubt, dass Buffalo Bill eine fiktive Person sei, bis mir mein Vater erzählte, dass er nicht nur wirklich gelebt hatte, sondern dass er ihn sogar mit eigenen Augen gesehen hatte, als er mit seinem Zirkus in unsere Stadt kam, um aus dem mythischen Wilden Westen in die piemontesische Provinz zu wechseln.

Wahr ist jedoch, und wir merken es, wenn Fragen an unsere Jugendlichen gestellt werden (ganz zu schweigen von den amerikanischen), dass die Vorstellungen auch von der nahen Vergangenheit sehr verschwommen sind. Kürzlich las man von einem Test, aus dem hervorging, dass manche glauben, Aldo Moro sei ein Angehöriger der Roten Brigaden gewesen, Alcide De Gasperi ein faschistischer Bonze und Marschall Badoglio ein Partisan etc. Manche sagen: Das ist so lange her, warum sollen Achtzehnjährige wissen, wer fünfzig Jahre vor ihrer Geburt an der Regierung war? Nun, mag sein, dass einem die faschistische Schule so etwas einbleute, aber ich wusste als Achtzehnjähriger auch, wer Urbano Rattazzi oder Francesco Crispi gewesen waren, und die hatten ein Jahrhundert zuvor gelebt.

Unser Verhältnis zur Vergangenheit hat sich wahrscheinlich schon in der Schule geändert. Früher interessierten wir uns sehr für die Vergangenheit, weil Nachrichten über die Gegenwart nicht sehr zahlreich waren, wenn man bedenkt, dass eine Zeitung alles auf acht Seiten berichtete. Seit dem Aufkommen der Massenmedien haben wir eine Flut von Informationen über die Gegenwart, und im Internet findet man Nachrichten über Millionen Dinge, die in diesem Moment passieren (auch über die belanglosesten). Die Vergangenheit, von der uns die Massenmedien berichten, wie zum Beispiel die Taten der römischen Kaiser oder von Richard Löwenherz, aber sogar der Ausbruch des Ersten Weltkriegs, erreichen uns (durch Hollywood und ähnliche Industrien) zusammen mit dem Informationsfluss über die Gegenwart, und es ist sehr schwierig für einen Streaming-Dienst-User, den Zeitunterschied zwischen Spartakus und Richard Löwenherz zu erfassen. Gleichzeitig zerfällt oder verschwimmt jedenfalls der Unterschied zwischen fiktiv und real. Woher soll ein Junge, der Filme im Fernsehen schaut, denn bitte wissen, dass Spartakus wirklich gelebt hat und der Marcus Vinicius in *Quo vadis* nicht, dass die Gräfin Castiglione eine historische Person war und Elisa di Rivombrosa nicht, dass Iwan der Schreckliche real war und Ming der Tyrann von Mongo nicht, wo sie sich doch so ähnlich sehen?

In der amerikanischen Kultur wird diese Anpassung der Vergangenheit an die Gegenwart sehr unbefangen gelebt, und es kann sogar passieren, dass man einem Philosophieprofessor begegnet, der einem sagt, dass man nicht zu wissen brauche, was Decartes über unsere Art zu denken gesagt hat, da für uns nur interessant sei, wie viel davon heute die kognitiven Wissenschaften entdecken. Wer so redet, vergisst, dass die kognitiven Wissenschaften auch deshalb da angelangt sind, wo sie angelangt sind, weil ein bestimmter Diskurs bei den Philosophen des 17. Jahrhunderts begonnen hat, aber vor allem verzichtet man darauf, aus der Erfahrung der Vergangenheit eine Lehre für die Zukunft zu ziehen.

Viele meinen, das alte Wort von der Geschichte als Lehrerin des Lebens sei eine Schulmeisterbanalität von anno dazumal, aber sicher ist: Wenn Hitler den Russlandfeldzug Napoleons aufmerksam studiert hätte, wäre er nicht in die Falle gegangen, in die er gegangen ist, und wenn Bush die Kriege der Briten im Afghanistan des 19. Jahrhunderts gut studiert hätte (aber was sage ich, sogar den letzten Krieg der Sowjets gegen die Vorläufer der Taliban), dann hätte er seinen afghanischen Feldzug anders angelegt.

Es mag so scheinen, dass zwischen dem britischen Hohlkopf, der Churchill für eine fiktive Person hält, und Bush, der seine Soldaten in den Irak schickt im Glauben, die Sache in vierzehn Tagen erledigt zu haben, ein abgrundtiefer Unterschied klafft, aber es ist nicht so. Es handelt sich um dasselbe Phänomen einer Trübung der historischen Dimension.

21. März 2008

Ist Schönes hässlich
und Hässliches schön?

Hegel meinte, erst mit dem Christentum seien das Leid und die Hässlichkeit in die künstlerischen Darstellungen gelangt, denn »Christus gegeißelt, mit der Dornenkrone, das Kreuz zum Richtplatz tragend, ans Kreuz geheftet, in der Qual eines martervollen, langsamen Todes hinsterbend, lässt sich in den Formen der griechischen Schönheit nicht darstellen«. Er hatte unrecht, denn die griechische Welt war nicht nur die der Aphroditen in weißem Marmor, sondern auch die der Qualen des Marsias, der Ängste des Ödipus und des tödlichen Leidens der Medea. Aber in der christlichen Malerei und Skulptur fehlt es nicht an schmerzverzerrten Gesichtern, auch wenn sie nicht bis zum Sadismus eines Mel Gibson gehen. Auf jeden Fall dominiert die Verzerrung, wie Hegel weiter bemerkt (wobei er besonders an die deutsche und flämische Malerei denkt), wenn es um Darstellung der Verfolger Jesu geht.

Nun hat mich jemand darauf hingewiesen, dass in einem berühmten Passionsgemälde von Hieronymus Bosch (das im Museum von Gent aufbewahrt wird) neben anderen schrecklichen Henkern zwei zu sehen sind, die viele Rocksänger und ihre jungen Imitatoren vor Neid erblassen ließen: einer mit einem doppelten Piercing am Kinn und ein anderer, dessen Gesicht von verschiedenen metallischen Stäbchen durchbohrt ist. Nur dass Bosch auf diese Weise eine Art Epiphanie der Bosheit realisieren wollte (in Vorwegnahme der Überzeugung Lombrosos, dass wer sich tätowieren oder sonstwie körperlich entstellen lässt, ein geborener Verbrecher ist), während man heute angesichts von Jugendlichen mit gepiercter Zunge zwar Ekelgefühle haben kann, es aber zumindest statistisch irrig wäre, sie als erblich belastet zu betrachten.

Wenn wir dann noch bedenken, dass viele dieser selben Jugendlichen angesichts der »klassischen« Schönheit von Leuten wie George Clooney oder Nicole Kidman in Ohnmacht fallen, wird klar, dass sie sich wie ihre Eltern verhalten; erwerben diese doch einerseits Automobile und Fernsehgeräte, die nach den aus der Renaissance stammenden Maßstäben des Goldenen Schnitts gestaltet sind, oder drängen sich in den Uffizien, um das Stendhal-Syndrom zu verspüren, und erfreuen sich andererseits an Splatterfilmen, in denen Hirnmasse an die Wände spritzt, kaufen Dinosaurier und andere Monsterchen für ihre Kleinen und gehen das Happening eines Künstlers bewundern, der sich die Hände durchbohrt, sich die Glieder martert oder sich die Genitalien verletzt.

Weder die Väter noch die Söhne verweigern jeden Umgang mit dem Schönen, indem sie nur das wählen, was in den vergangenen Jahrhunderten als scheußlich galt. Dies geschah allenfalls, als die Futuristen proklamierten, um die Bürger zu erschrecken: »Machen wir mutig das Hässliche zu Literatur!«, und als Aldo Palazzeschi (in *Il controdolore* von 1914) vorschlug, um die Kinder auf gesunde Weise zur Hässlichkeit zu erziehen, solle man ihnen als pädagogisches Spielzeug besondere Puppen schenken, nämlich »bucklige, blinde, brandige, hüftlahme, schwindsüchtige, syphilitische, solche, die mechanisch heulen, schreien, lamentieren, epileptische Anfälle haben, Pest, Cholera, Hämorrhagien, Hämorrhoiden, Eiterfluss, Tollheit, in Ohnmacht fallen, röcheln und sterben«. Heute genießt man einfach in bestimmten Fällen das Schöne (das klassische) und weiß ein schönes Kind zu erkennen, eine schöne Landschaft oder auch eine schöne griechische Statue, und in anderen Fällen zieht man Vergnügen aus dem, was gestern noch als abstoßend hässlich angesehen wurde.

Mehr noch, bisweilen wählt man das Hässliche als Modell einer neuen Schönheit, wie es in der Cyborg-»Philosophie« geschieht. Wenn in den ersten Romanen von Gibson (diesmal William – wie man sieht: *nomina sunt numina*) ein menschliches Wesen, in dem mehrere Körperteile durch mechanische oder elektronische Apparate ersetzt worden sind, noch eine besorgte Wahrsagung darstellen konnte, so propagieren heute einige radikale Feministinnen, die sexuellen Unterschiede durch Realisierung neutraler, »postorganischer« oder »transhumaner« Körper zu überwinden, und Donna Haraway verkündet als Slogan: »Ich bin lieber Cyborg als Göttin.«

Nach Meinung einiger bedeutet dies, dass sich in der postmodernen Welt jeder Gegensatz zwischen schön und hässlich aufgelöst habe. Es gehe nicht einmal darum, mit den Hexen in Macbeth zu wiederholen: »Schön ist hässlich, hässlich schön.« Die beiden Werte hätten sich einfach amalgamiert und dabei ihre distinktiven Charakterzüge verloren.

Aber stimmt das? Und wenn gewisse Verhaltensweisen der Jugendlichen oder der Künstler nur marginale Phänomene wären, gefeiert von denen, die im Verhältnis zur Bevölkerung des Planeten bloß kleine Minderheiten sind? Das Fernsehen zeigt uns verhungernde Kinder, reduziert zu Skeletten mit aufgeblähten Bäuchen, wir hören von Frauen, die von Invasoren vergewaltigt worden sind, wir wissen von gefolterten menschlichen Körpern, und im übrigen tauchen vor unseren Augen immer wieder die nicht sehr fernen Bilder von anderen lebenden Skeletten auf, die zu Gaskammern getrieben werden. Wir sehen zerfetzte Glieder, zerstört gerade erst gestern durch die Explosion eines Wolkenkratzers oder den Absturz eines Flugzeugs, und wir leben in der Angst, dass uns dasselbe morgen passieren könnte. Jeder spürt sehr gut, dass all diese Dinge *hässlich sind*, und kein Bewusstsein von der Relativität ästhetischer Werte kann uns dazu bringen, sie als Lustobjekte zu erleben.

Vielleicht sind also Cyborg, Splatter, *Das Ding aus einer anderen Welt* und die *Disaster Movies* Erscheinungsformen von Oberflächen, die zwar von den Massenmedien emphatisch gefeiert werden, durch die wir aber eine viel tiefer sitzende Hässlichkeit exorzieren, die uns bedrückt, belagert, mit Schrecken erfüllt und die wir verzweifelt zu ignorieren versuchen, indem wir so tun, als sei das alles nur Fiktion.

14. September 2006

Gott ist mein Zeuge,
dass ich ein Depp bin …

Vorgestern war ich in Madrid zum Mittagessen bei meinem König. Um nicht missverstanden zu werden: Obwohl ich stolz auf meine republikanischen Gefühle bin, wurde ich vor zwei Jahren zum Herzog des Königreiches Redonda ernannt (mit dem Titel *Duque de la Isla del Día de Antes**), und diese Herzogswürde teile ich mit Pedro Almodóvar, Antonia Susan Byatt, Francis Ford Coppola, Arturo Pérez-Reverte, Fernando Savater, Pietro Citati, Claudio Magris, Ray Bradbury und einigen anderen, denen allen gemeinsam ist, dass sie dem König sympathisch sind.

Also, die Insel Redonda liegt im Karibischen Meer, ist knapp sechzig Hektar groß (ein Handtuch), völlig unbewohnt, und ich bin sicher, dass noch keiner ihrer Monarchen jemals einen Fuß auf sie gesetzt hat. Im Jahre 1865 hatte sie ein Bankier namens Matthew Dowdy Shiell erworben und Königin Victoria gebeten, sie zu einer autonomen Region zu erheben, was die gnädige Majestät auch problemlos tat, da sie darin keinerlei Gefahr für das britische Kolonialreich sah. Im Lauf der Jahrzehnte ging die Insel durch die Hände diverser Monarchen, von denen einige den Herzogstitel mehrmals verkauften, wodurch sie Erbfolgestreitigkeiten hervorriefen (wer die pluridynastische Geschichte genauer kennenlernen will, lese

---

* Herzog der Insel des vorigen Tages, nach dem Titel von Ecos drittem Roman (A. d. Ü.).

den Artikel »Redonda« in Wikipedia). 1997 dankte der letzte König zugunsten eines berühmten spanischen Schriftstellers ab, nämlich des in viele Sprachen übersetzten Javier Marías, der daraufhin anfing, allerlei Herzöge und Herzoginnen zu ernennen.

Dies ist die ganze Geschichte, die natürlich ein bisschen nach pataphysischer Narretei riecht, aber schließlich ist Herzog zu werden ja keine alltägliche Sache. Der Punkt ist jedoch ein anderer, nämlich dieser: Im Zuge unserer Gespräche hatte Javier Marías etwas gesagt, worüber es sich nachzudenken lohnt. Wir diskutierten über die offenkundige Tatsache, dass heutzutage die Leute zu allem bereit sind, bloß um einmal auf der Mattscheibe eines Fernsehers zu erscheinen, sei's auch nur als der Idiot, der hinter der interviewten Person Winkewinke macht. In Italien hat kürzlich der Bruder eines barbarisch ermordeten Mädchens, nachdem er auf schmerzliche Weise zur Ehre der Medienpräsenz gekommen war, sich an den mehrfach verurteilten Drogendealer und Bunga-Bunga-Manager Lele Mora gewandt und gebeten, ihm eine Stelle beim Fernsehen zu verschaffen, damit er seine tragische Bekanntheit gebührend nutzen könne; wir wissen von Leuten, die für einen Auftritt im Fernsehen bereit sind, sich öffentlich als gehörnt, als impotent oder als Betrüger zu erklären, und es ist Kriminalpsychologen nicht unbekannt, dass bei Serienkillern das Hauptmotiv nicht selten der Wunsch ist, entdeckt und berühmt zu werden.

Woher kommt dieser Irrsinn, fragten wir uns. Und Javier Marías wagte die Hypothese, dies alles komme daher, dass die Menschen nicht mehr an Gott glauben. Früher waren die Menschen überzeugt, dass es bei allem, was sie taten, wenigstens Einen gab, der ihnen zusah, der alle ihre Handlungen (und Gedanken) kannte und sie verstehen oder wenn nötig auch verurteilen konnte. Man konnte ein Ausgestoßener sein, ein Taugenichts, ein »armes Schwein«, das sogar von seinesgleichen ignoriert wurde und eine Minute nach dem Dahinscheiden allseits vergessen sein würde, aber man nährte die Überzeugung, dass wenigstens Einer alles über uns Menschen wusste.

»Gott weiß, was ich gelitten habe«, sagte sich die kranke und von ihren Enkeln im Stich gelassene Großmutter, »Gott weiß, dass ich unschuldig bin«, tröstete sich der zu Unrecht Verurteilte, »Gott weiß, was ich für dich getan habe«, sagte die Mutter zu ihrem undankbaren Sohn, »Gott weiß, wie sehr ich dich liebe«, rief der verlassene Geliebte aus, »Gott allein weiß, was ich durchgemacht habe«, klagte der Unglückselige, dessen Schicksalsschläge niemanden interessierten. Gott wurde stets angerufen als das Auge, dem nichts entging und dessen Blick noch dem fadesten und banalsten Leben einen Sinn verlieh.

Was bleibt, nachdem dieser Allessehende Große Zeuge verschwunden oder verdrängt worden ist? Das Auge der Gesellschaft, das Auge der anderen, dem man sich zeigen muss, um nicht im Strudel des Vergessens oder im schwarzen Loch der Anonymität zu versinken, auch um den Preis, dass man die Rolle des Dorfdeppen spielt, der nur mit Unterhose bekleidet auf dem Tisch der Gaststube tanzt. Der Auftritt im Fernsehen ist der einzige Ersatz der Transzendenz, und er ist ein alles in allem dankenswerter Ersatz: Wir sehen uns in einem Jenseits (und werden dort gesehen), aber dafür sehen uns in diesem Jenseits hier unten alle, während auch wir selber hier unten sind – man bedenke, was für ein Vorteil es ist, alle Vorzüge der Unsterblichkeit zu genießen (wenn auch nur sehr rasch und vergänglich) und gleichzeitig die Möglichkeit zu haben, hier bei uns zu Hause (auf der Erde) für unseren Aufstieg ins Paradies gefeiert zu werden!

Das Dumme ist nur, dass man sich in diesen Fällen mit der Doppelbedeutung von »erkennen« täuscht. Wir alle streben danach, dass unsere Verdienste oder Opfer oder sonstigen guten Eigenschaften »anerkannt« werden. Doch wenn uns nach einem Auftritt im Fernsehen am nächsten Morgen jemand in der Cafébar sieht und sagt: »Ich hab dich gestern in der Glotze gesehen«, dann heißt das bloß: »Ich erkenne dich *wieder*« beziehungsweise dein Gesicht – und das ist etwas ganz anderes.

23. Dezember 2010

Ich twittere, also bin ich

Ich bin nicht auf Twitter und auch nicht auf Facebook. Die Verfassung erlaubt mir das. Aber es gibt bei Twitter offenbar einen falschen Account von mir, so dass es scheint, als sei ich ein Fake von Casaleggio.* Einmal bin ich einer Dame begegnet, die mir mit dankbaren Blicken sagte, sie lese mich immer auf Twitter und habe manchmal sogar mit mir Tweets gewechselt, die ihr großen intellektuellen Profit gebracht hätten. Ich versuchte ihr zu erklären, dass es sich um einen falschen Eco handeln müsse, aber sie sah mich an, als ob ich gesagt hätte, ich sei nicht ich. Wenn ich auf Twitter war, habe ich existiert. *Twitto ergo sum.*

Ich hatte mich nicht weiter bemüht, sie zu überzeugen, denn was immer die Dame von mir denken mochte (und wenn sie so zufrieden war, dann weil der falsche Eco ihr Dinge mitgeteilt hatte, die sie gut fand), es hätte nichts an der Geschichte Italiens geändert, schon gar nichts an jener der Welt – und nicht mal an meiner persönlichen Geschichte. Früher bekam ich per Post regelmäßig enorme Dossiers von einer anderen Dame, die behauptete, sie habe das alles an den Staatspräsidenten und andere illustre Persönlichkeiten geschickt, um gegen jemanden zu protestieren, der sie verfolge, und sie schicke es nun auch mir, weil ich, wie sie meinte, jede Woche in dieser Kolumne für ihr Anliegen einträte. Mit anderen Worten, egal,

---

* Gianroberto Casaleggio (1954–2016), Mitbegründer und Graue Eminenz des *Movimento Cinque Stelle*, der auch Blogs diverser Personen geführt und als Ghostwriter Bücher für andere geschrieben hat (A. d. Ü.).

was ich schrieb, sie las es immer, als würde es sich auf ihr persönliches Problem beziehen. Ich habe ihr nie widersprochen, denn das wäre nutzlos geblieben, und ihre höchstpersönliche Paranoia hätte nichts an der Lage im Nahen Osten geändert. Daraufhin hat sie natürlich, da sie nie von mir eine Antwort bekam, ihre Aufmerksamkeit jemand anderem zugewandt, und ich weiß nicht, wen sie jetzt damit quält.

Die Irrelevanz der auf Twitter geäußerten Meinungen kommt daher, dass alle dort mitmachen, also auch diejenigen, die an die Erscheinungen der Madonna von Medjugorje glauben, die zu Handleserinnen gehen, die überzeugt sind, dass 9/11 von den Juden geplant war, und die an Dan Brown glauben. Ich bin immer fasziniert von den Twitter-Nachrichten, die unter den Sendungen von Telese und Porro* mitlaufen. Sie betreffen dies und das, jede besagt das Gegenteil der anderen, und alle zusammen vermitteln nicht etwa ein Bild von dem, was die Leute denken, sondern nur von dem, was einige überspannte Wirrköpfe meinen.

Twitter ist wie die Sportbar in irgendeinem Dorf oder am Stadtrand. Dort reden der Dorfdepp, der kleine Landbesitzer, der sich vom Fiskus verfolgt sieht, der verbitterte Amtsarzt, dem ein Lehrstuhl für Vergleichende Anatomie an der großen Universität verweigert worden ist, der Passant, der schon zuviel Grappa intus hat, der Lkw-Fahrer, der von fabelhaften Straßenmädchen auf der Ring-Autobahn um Rom erzählt, und (manchmal) auch jemand, der etwas Vernünftiges sagt. Aber alles bleibt an Ort und Stelle, das Geschwätz an der Bar hat niemals die internationale Politik verändert, nur der Faschismus hatte sich darüber Sorgen gemacht, weshalb er ver-

* Eine politische Talkshow des italienischen Privatsenders LA7 (A. d. Ü.).

bot, an der Bar über hohe Politik zu reden, aber im Ganzen ist das, was die Mehrheit der Leute denkt, nur jenes statistische Datenwerk, das sich im Moment der Wahlen ergibt, nachdem ein jeder sich seine Gedanken gemacht hat, und gewählt werden Meinungen, die jemand anderes ausgedrückt hat, wobei man vergisst, was man an der Bar gesagt hat.

So wimmelt es im Internet von irrelevanten Meinungen, auch weil man zwar große Ideen in weniger als 140 Zeichen ausdrücken kann (etwa »Liebe deinen Nächsten wie dich selbst«), aber um die Lehren von Adam Smiths *Wohlstand der Nationen* auszudrücken, braucht man schon etwas mehr, und vielleicht noch mehr, um zu erklären, was E=mc² bedeutet.

Und warum twittern dann auch mächtige Leute wie Enrico Letta, der doch als Regierungschef seine Verlautbarungen bloß der amtlichen Nachrichtenagentur zu geben braucht und sofort von allen Zeitungen und TV-Stationen zitiert wird, womit er auch die nicht am Internet hängende Mehrheit erreicht? Und warum lässt der Papst irgendwelche prekär im Vatikan angestellte Seminaristen knappste Kurzfassungen dessen schreiben, was er bereits *urbi et orbi* vor Millionen und Abermillionen von Fernsehzuschauern gesagt hat? Offen gestanden, ich weiß es nicht recht, jemand muss sie davon überzeugt haben, dass es nützlich ist, um einen Großteil der Netzuser für sich zu gewinnen. Also sei's drum bei Letta und Bergoglio, aber warum twittern dann auch Herr und Frau Mustermann, Krethi und Plethi, Hinz und Kunz?

Vielleicht, um sich ein bisschen wie Letta und der Papst zu fühlen.

21. November 2013

Der Verlust der Privatheit

Eines der Probleme unserer Zeit, das (glaubt man der Presse) uns alle umtreibt, ist das der sogenannten *privacy*, was man, um einmal sehr snobistisch zu sein, hier mit »Privatheit« übersetzen kann. Sehr allgemein gesagt bedeutet es, dass jeder das Recht hat, sich um seine Sachen zu kümmern, ohne dass andere, zumal Agenturen der Macht, davon wissen. Und es gibt auch Institutionen, die jedem diese Privatheit garantieren (die sie allerdings *privacy* nennen, da sie sonst niemand ernst nehmen würde). Deswegen beunruhigt es uns, dass jemand durch unsere Kreditkarten erfahren kann, was wir gekauft haben, in welchem Hotel wir abgestiegen sind und wo wir zu Abend gegessen haben. Ganz zu schweigen von den Telefonüberwachungen, wenn sie nicht zur Überführung von Kriminellen nötig sind; gerade erst kürzlich hat Vodafone einen Alarmruf ausgestoßen wegen der Möglichkeit, dass mehr oder minder geheime Agenten aller Nationen erfahren können, mit wem wir telefoniert und was wir dabei gesagt haben.

Es scheint also, dass die Privatheit ein Gut ist, das alle um jeden Preis verteidigen wollen, um nicht in einer Welt des Big Brother zu leben (des wahren, von Orwell), in der ein allgegenwärtiges Auge alles überwachen kann, was wir tun, und sogar, was wir denken.

Die Frage ist allerdings: Liegt den Leuten wirklich so viel an der Privatheit? Früher galt der Klatsch als Bedrohung der Privatheit, und was man am Klatsch fürchtete, war der Anschlag auf unseren öffentlichen Ruf und das Vorzeigen der schmutzigen Wäsche, die in der Familie zu bleiben hatte. Aber vielleicht wegen der sogenannten flüssigen Gesellschaft, in der jeder in die Krise der Identität und der Werte gerät und nicht weiß, wo er die Bezugspunkte finden soll, an denen er sich orientieren kann, ist heute die einzige Art, gesellschaftliche Anerkennung zu erwerben, sich um jeden Preis »sichtbar« zu machen.

Daher ist die Dame, die sich selber verkauft (und früher versuchte, diese Tätigkeit vor ihren Eltern und Nachbarn zu verbergen), heute gern bereit, womöglich unter der Bezeichnung »Escort«, ihre öffentliche Rolle anzunehmen und sich sogar im Fernsehen damit zu präsentieren; Ehegatten, die ihre Streitereien einst eifersüchtig für sich behielten, nehmen freiwillig an Trash-Sendungen teil, um mal die Rolle des Ehebrechers, mal die der Betrogenen zu spielen, unter dem Applaus des Publikums; unser Nachbar im Zugabteil sagt laut am Handy, was er über seine Schwägerin denkt oder was sein Steuerberater tun soll; mutmaßliche Straftäter aller Art, gegen die ermittelt wird, ziehen sich nicht wie früher aufs Land zurück, bis sich die Wellen der Empörung gelegt haben, sondern erhöhen die Zahl ihrer Auftritte mit einem Lächeln auf den Lippen, denn man ist lieber ein allbekannter Dieb als ein von allen ignorierter Ehrlicher.

Kürzlich ist in der *Repubblica* ein Artikel von Zygmunt Bauman erschienen, in dem er darlegte, dass die sozialen Netzwerke (vor allem Facebook), die ein Instrument zur Überwachung der Gedanken und Gefühle anderer darstellen, zwar von verschiedenen Mächten als Kontrollmittel benutzt werden, aber dank der enthusiastischen Beiträge ihrer Nutzer zu etwas führen, was Bauman eine »Bekenntnisgesellschaft« nennt, »die die öffentliche Selbstdarstellung in den

Rang eines eminenten und leicht verständlichen, dazu auch scheinbar schlagenden Beweises ihrer gesellschaftlichen Existenz erhebt«. Mit anderen Worten, zum ersten Mal in der Geschichte der Menschheit kooperieren die Ausspionierten mit ihren Spionen, um ihnen die Arbeit zu erleichtern, und sehen in dieser Kapitulation einen Grund zur Zufriedenheit, weil jemand sie *sieht*, während sie existieren, wobei es keine Rolle spielt, ob sie manchmal als Kriminelle oder als Idioten existieren.

Wahr ist aber auch: Wenn es erst einmal so weit ist, dass jemand alles über alle wissen kann und dieses *alle* die Gesamtheit der Bewohner des Planeten umfasst, dann kann solch ein Exzess an Information nur Verwirrung, Lärm und Schweigen hervorbringen. Dies müsste jedoch nur die Spione beunruhigen, während die Ausspionierten gut damit leben können, dass über sie und ihre intimsten Geheimnisse zumindest ihre Freunde, ihre Nachbarn und vielleicht ihre Feinde Bescheid wissen, denn nur so fühlen sie sich lebendig und als aktiver Teil der Gesellschaft.

13. Juni 2014

Wie man die Jungen
zum Vorteil aller umbringt

Vor zwei Wochen habe ich mich damit amüsiert, mir einige Konsequenzen, besonders auf dem Gebiet der Diplomatie, des von Wikileaks inaugurierten neuen Transparenzkurses vorzustellen. Es waren vage sciencefictionartige Phantasien, aber sie gingen von der unbestreitbaren Voraussetzung aus, dass, wenn die geheimsten und bestgeschützten Archive heute gehackt werden können, etwas geändert werden muss, zumindest in den Methoden der Archivierung.

Also warum nicht im neuen Jahr mal eine andere Extrapolation aus unleugbar gegebenen Fakten probieren, sei's auch nur, indem man es mit apokalyptischen Visionen übertreibt? Im Grunde hat doch der Apostel Johannes durch solch ein Verfahren bis heute Weltruhm erlangt: Bei jedem Unglück, das uns widerfährt, sind wir versucht zu sagen, genau das habe er vorausgesagt. Ich bewerbe mich somit hier als zweiter Seher der Insel Patmos.

Zumindest in unserem Lande (und beschränken wir uns auf dieses) übersteigt die Zahl der Alten immer mehr die der Jungen. Früher starben sie im Schnitt mit sechzig, heute mit neunzig, sie verbrauchen also dreißig Jahre mehr Rente oder Pension. Wie man weiß, müssen die Renten und Pensionen von den Jungen bezahlt werden. Doch mit den so aufdringlichen und allgegenwärtigen Alten an der Spitze vieler öffentlicher und privater Institutionen bis mindestens zum Beginn der Altersdemenz (und oft darüber hinaus) finden die Jungen keine Arbeit und können folglich nichts produzieren, um die Renten und Pensionen der Alten zu bezahlen.

In dieser Situation werden ausländische Investoren, auch wenn der Staat Anleihen mit verlockenden Renditen ausgibt, kein Vertrauen mehr haben, und folglich wird das Geld für die Renten auch nicht auf diesem Wege hereinkommen. Dennoch muss man damit rechnen, dass die Jungen, wenn sie keine Arbeit finden, von ihren pensionierten Eltern oder Großeltern finanziert werden müssen. Eine Tragödie.

Die erste Lösung ist die evidenteste: Die Jungen müssen anfangen, Liquidierungslisten für Alte ohne Nachkommenschaft aufzustellen. Aber das wird nicht genügen, und da der Selbsterhaltungstrieb ist, was er ist, werden die Jungen nicht umhinkönnen, auch Alte mit Nachkommenschaft zu liquidieren, also ihre Eltern. Das wird hart sein, aber man gewöhnt sich daran. Du bist sechzig geworden? Tja, wir leben nicht ewig, Papa, wir bringen dich alle gemeinsam zum Bahnhof, zu deiner letzten Reise ins Liquidierungslager, mit den Kleinen, die dir »Ciao, Opa!« nachrufen. Wenn dann die Alten rebellieren und sich verstecken, geht man eben auf Altenjagd, mit Hilfe von Denunzianten. Wenn es bei den Juden geklappt hat, warum dann nicht auch bei den Rentnern?

Doch die noch nicht pensionierten Alten, die weiterhin an der Macht sind, werden auch die leichten Herzens dieses Los akzeptieren? Zuerst werden sie es lange vermeiden, Kinder zu zeugen, um keine potentiellen Liquidierer auf die Welt zu bringen, wodurch die Zahl der Jungen verringert wird. Und zuletzt werden diese alten Industriekapitäne (und Medienmogule) gestählt durch tausend Schlachten beschließen, sei es auch schweren Herzens, ihre Kinder und Enkel zu liquidieren. Natürlich nicht durch Verschickung in Vernichtungslager, wie es ihre Nachkommen mit ihnen getan hätten, immerhin handelt es sich ja um eine an die traditionellen Werte von Familie und Vaterland gebundene Generation, sondern durch Entfesselung von Kriegen, die bekanntlich die jüngsten Jahrgänge entschlacken und, wie die Futuristen sagten, die einzige Hygiene der Welt sind.

So werden wir zu einem Land fast ohne Junge und mit sehr vielen Alten, die blühen und gedeihen und überall Denkmäler für die Gefallenen aufstellen und sie dafür feiern, dass sie ihr Leben großmütig für das Vaterland geopfert haben. Doch wer wird dann arbeiten, um die Pensionen dieser Alten zu bezahlen? Die Immigranten, begierig auf den Erwerb der italienischen Staatsbürgerschaft, bereit zu mühevoller und schlecht bezahlter Schwarzarbeit und von altersher gewohnt, mit spätestens fünfzig zu sterben, um Platz für andere, frischere Arbeitskräfte zu machen.

Binnen zweier Generationen garantieren dann Zigmillionen »sonnengebräunter« Italiener das Wohlleben einer Elite weißer Neunzigjähriger mit goldener Nase und großem Gefolge (bestehend aus Damen in Spitzenrobe und Hutschleier), die Whisky mit Soda schlürfen auf den Veranden ihrer kolonialen Besitztümer, an Seen oder Meeresstränden, weit entfernt von den Slums der Städte, in denen nur noch farbige Zombies leben, die sich an dem im Fernsehen beworbenen Bleichmittel berauschen.

Übrigens, passend zu meiner Überzeugung, dass wir uns im Krebsgang voranbewegen und dass der Fortschritt inzwischen mit dem Rückschritt zusammenfällt, wird man bemerken, dass wir uns in einer ähnlichen Lage befinden wie einst das britische Kolonialreich in Indien, im Malaiischen Archipel oder in Zentralafrika. Und wer dank des medizinischen

Fortschritts glücklich das hundertste Lebensjahr erreicht hat, wird sich vorkommen wie der weiße Rajah von Sarawak, Sir James Brooke, von dem ich als Kind träumte, wenn ich die Romane von Emilio Salgari las, dem »italienischen Karl May«.

10. Januar 2011

II

Immer online sein

Zuviel Internet? Aber in China …

In den letzten zehn Tagen ist es mir unterlaufen, an drei verschiedenen Kulturveranstaltungen teilzunehmen. Eine betraf die Probleme der Information, da war es klar, aber die beiden anderen beschäftigten sich mit anderem. Trotzdem gab es in allen drei Fällen drängende Fragen und erbitterte Diskussionen über das Internet. Allerdings wäre das auch geschehen, wenn ich an einem Kongress über Homer teilgenommen hätte, und wer's nicht glauben will, prüfe nur einmal, wie viel man mit einer guten Suchmaschine über Homer im Netz finden kann, Gutes und Schlechtes. Ein Kongress über Homer muss sich auch damit beschäftigen, seine Urteile über die Zuverlässigkeit der diesem Dichter gewidmeten Websites zu veröffentlichen, sonst wüssten Studenten und Forscher nicht mehr, welcher sie vertrauen können.

Ich nenne nur einige Punkte der Diskussionen, an denen ich teilgenommen habe. Gegen die von einem vertretene These, das Internet sei die Verwirklichung der totalen Demokratie im Bereich der Information, wandte ein anderer ein, dass heute ein Schulkind im Netz auf Hunderte von rassistischen Websites stoßen und sich *Mein Kampf* oder *Die Protokolle der Weisen von Zion* herunterladen kann. Antwort: In der okkultistischen Buchhandlung an der nächsten Ecke finden Sie sofort eine Ausgabe der *Protokolle*. Gegenantwort: Ja, aber man muss nach ihr suchen, und im Netz stößt man auf sie, auch wenn man nach etwas ganz anderem gesucht hat. Gegen-Gegenantwort: Aber gleichzeitig stößt man auch auf viele antirassistische Websites, und so gleicht sich die Demokratie im Netz von selber aus.

Schlussbeitrag: Hitler hat *Mein Kampf* publiziert und vertrieben, bevor es das Internet gab, und wie es scheint, ist es ihm gut gelungen. Mit dem Internet könnte es nie wieder ein Auschwitz geben, weil alle sofort alles erführen und niemand sagen könnte, er habe es nicht gewusst.

Als Bekräftigung dieser abschließenden These hörte ich ein paar Tage später einen chinesischen Soziologen, der uns erzählte, was in China mit dem Internet passiert. Die User haben keinen direkten Zugang zum Netz, sondern müssen sich über staatliche Zentren einwählen, die den Informationsfluss selektieren. Das wäre also eine Situation der Zensur. Doch wie es scheint, ist es unmöglich, das Internet zu zensieren. Erstes Beispiel: Es stimmt zwar, dass die staatlichen Filter einem nur erlauben, die Website A zu erreichen und nicht die Website B, aber jeder gute Surfer weiß, dass und wie er, wenn er einmal in A ist, von dort nach B gelangt. Sodann gibt es die Mailinglisten: Ist man da einmal drin, fangen die Leute an, Nachrichten zirkulieren zu lassen. Und schließlich gibt es die Chatrooms. Im Westen scheinen sie hauptsächlich von Leuten frequentiert zu werden, die Zeit zu verlieren und nichts zu sagen haben, aber in China ist das anders: Dort diskutieren die Leute darin über Politik, was sie woanders nicht könnten.

Doch die Ohnmacht des Staates im Umgang mit dem Internet geht noch weiter: Die Netzbürokraten wissen nicht, was sie zensieren sollen. Wie es scheint, hat die *New York Times* vor einiger Zeit telefonisch dagegen protestiert, dass ihre Website geblockt wurde, die der *Washington Post* aber nicht. Die Bürokraten sagten, sie würden der Sache nachgehen, und am nächsten Tag antworteten sie: Alles okay, wir haben dafür gesorgt, dass auch die Website der *Washington Post* blockiert wird. Aber das sind Anekdoten. Tatsache ist, dass man in China zum Beispiel (wenn ich mich recht erinnere) die Website von CBS nicht erreichen kann, die von ABC aber wohl. Ich habe den chinesischen Freund gefragt, warum das so ist, und seine Antwort war: Es gibt dafür keine guten Gründe, die Bürokraten müssen zeigen, dass sie etwas tun, und so schlagen sie ein bisschen aufs Geratewohl zu. Schlussfolgerung: Im Kampf zwischen der chinesischen Regierung und dem Internet wird es erstere sein, die unterliegt.

Dann und wann eine gute Nachricht.

16. November 2000

Wie man aus dem Internet kopiert

Eine Debatte erregt die Welt des Internets immer wieder, und das ist die über Wikipedia. Ich weiß nicht, inwieweit die zentrale Redaktion alle Beiträge kontrolliert, die von überallher eintreffen, aber ich muss sagen, wann immer ich dort Artikel über mir bekannte Themen aufgerufen habe (um nur ein Datum oder einen Buchtitel zu kontrollieren), fand ich sie ziemlich gut gemacht und gut informiert. Freilich hat das Offensein für die Mitwirkung jedes Beliebigen seine Risiken, und es ist vorgekommen, dass manchen Personen falsche Dinge und Taten zugeschrieben oder nachgesagt wurden, darunter auch sehr üble. Natürlich haben sie dann protestiert, und der Eintrag ist korrigiert worden. Der englischsprachige Artikel über mich enthielt eine ungenaue biographische Angabe, ich habe sie korrigiert, und seitdem enthält er diesen Fehler nicht mehr. Außerdem stand in der Inhaltsangabe eines meiner Bücher etwas, das ich als unkorrekte Interpretation ansah, denn da hieß es, ich würde eine bestimmte Idee von Nietzsche »entwickeln«, während ich sie de facto bestreite. Ich korrigierte also das »develops« zu »argues against«, und auch diese Korrektur wurde akzeptiert.

Die Sache lässt mir jedoch keine Ruhe. Jedermann könnte morgen erneut in diesen Artikel eingreifen und mir (aus Jux, aus Bosheit, aus Dummheit) das Gegenteil dessen unterschieben, was ich gesagt oder getan habe. Und damit nicht genug, da im Internet noch immer ein Text kursiert, in dem es heißt, ich sei Luther Blissett, der bekannte Fälscher (obwohl die

Autoren dieser Posse schon vor Jahren ihr Coming-out hatten und sich mit Vor- und Zunamen präsentierten), könnte ich so gemein sein, die Artikel über mir unsympathische Autoren zu verseuchen, indem ich ihnen falsche Schriften, pädophile Fehltritte oder Verbindungen zu den Bestien Satans[*] zuschriebe.

Außer einer redaktionellen Kontrolle gebe es bei Wikipedia, sagen manche, auch eine Art statistische Überwachung, durch die eine falsche Angabe früher oder später von irgendwem entdeckt werde. Wollen wir's hoffen, aber wie man sieht, gibt es dafür keine absolute Garantie, wir haben keinen weisen Universalgelehrten, der alle Artikel selber schreibt und die Verantwortung dafür übernimmt.

Der Fall Wikipedia ist übrigens recht harmlos verglichen mit einem anderen der Großprobleme des Internets. Neben sehr zuverlässigen Websites, die von kompetenten Personen gemacht sind, gibt es ganz und gar falsche, Elaborate von Pfuschern, Geistesgestörten oder sogar Nazikriminellen, und nicht alle Internetsurfer sind in der Lage zu prüfen, ob sie einer Website vertrauen können oder nicht.

Die Sache hat eine ernste pädagogische Kehrseite, denn inzwischen weiß man, dass Schüler und Studenten oft gar nicht mehr in Fachbüchern und Enzyklopädien nachschlagen, sondern direkt ins Internet gehen, um sich dort Informationen zu holen, weshalb ich seit geraumer Zeit die Meinung vertrete, dass in der Schule als neues Hauptfach eine Technik gelehrt werden müsste, mit der man die online verfügbaren Nach-

---

[*] Eine norditalienische Satanistengruppe, die von 1998 bis 2004 mehrere Ritualmorde beging, s. den Artikel »Beasts of Satan« im englischsprachigen Wikipedia: https://en.wikipedia.org/wiki/Beasts_of_Satan (A. d. Ü.).

richten selektieren kann – was freilich nicht leicht zu lehren ist, da die Lehrer oft ebenso hilflos sind wie ihre Schüler.

Viele Pädagogen klagen außerdem über die Tatsache, dass die Schüler und Studierenden heute, wenn sie einen Aufsatz oder selbst eine Seminararbeit schreiben sollen, sich einfach aus dem Internet kopieren, was sie dort zum Thema finden. Wenn sie aus einer unzuverlässigen Website kopieren, sollte man annehmen, dass der Lehrende merkt, was für dummes Zeug sie da verbreiten, aber bei gewissen sehr spezialisierten Themen ist es natürlich schwierig festzustellen, ob der Studierende etwas Falsches geschrieben hat. Nehmen wir an, ein Student macht eine Arbeit über einen sehr marginalen Autor, den der Dozent nur aus zweiter Hand kennt, und schreibt ihm ein bestimmtes Werk zu. Wäre der Dozent in der Lage zu sagen, dass dieser Autor dieses Buch nie geschrieben hat? Er könnte es nur, wenn er bei jeder Arbeit, die er auf den Tisch bekommt (und manchmal sind es viele Dutzende gleichzeitig), eine genaue Prüfung sämtlicher Quellen vornähme.

Mehr noch, der Student kann eine Recherche vorlegen, die korrekt zu sein scheint (und es ist), aber die er direkt aus dem Internet kopiert hat. Ich bin geneigt, dieses Phänomen nicht für tragisch zu halten, denn auch gut zu kopieren ist eine nicht einfache Kunst, und ein Student, der gut kopieren kann, hat das Recht auf eine gute Note. Übrigens, auch als das Internet noch nicht existierte, konnten die Studenten aus Büchern kopieren, die sie in der Bibliothek fanden, und das änderte nichts an der Sache (außer dass es mehr manuelle Mühe machte). Und am Ende bemerkt es ein guter Dozent immer, wenn ein Text wahllos kopiert worden ist, und riecht die Fälschung – während, ich wiederhole es, eine gut gewählte Kopie durchaus Lob verdient.

Dennoch bin ich der Meinung, dass es eine sehr wirksame Methode gibt, die Defekte des Internets pädagogisch zu nutzen. Man gebe als Klassenaufsatz, als Hausaufgabe oder als Seminararbeit folgendes Thema: »Finden Sie über den Gegenstand X eine Reihe von unglaubwürdigen Ausführungen im Internet und erklären Sie, warum sie unglaubwürdig sind.« Das wäre eine Recherche, die Kritikfähigkeit und Geschick im Vergleichen verschiedener Quellen erfordert – und die Studierenden in der Kunst des Unterscheidens üben würde.

12. Januar 2006

Wohin mit den Dichtern?

Im *Corriere della Sera* vom vorletzten Samstag ist eine nur scheinbar sommerlochtypische Debatte eröffnet worden. Ausgangspunkt war ein Interview, das Nanni Balestrini der Zeitschrift *Liberazione* gegeben hat, in dem der verehrte Dichter, der es auch in hohem Alter nicht lassen kann zu provozieren, erst beklagt, dass die Verlage keine Gedichtbände mehr veröffentlichen, und dann sagt, zum Glück gebe es jedoch das Internet, wo alle ihre Gedichte kursieren lassen könnten. Offensichtlich denkt Balestrini sowohl an Webportale, die bekannte Dichter versammeln, als auch an solche, die Debütanten eine Plattform bieten, und er gibt zu, dass es schwierig ist, sich angesichts der riesigen Menge zu orientieren, nennt aber einige vertrauenswürdige Adressen.

Nach Befragung anderer Dichter und Kritiker haben sich dagegen drei prinzipielle Einwände erhoben. Der erste ist (und er scheint mir berechtigt): Auch wenn einige Lyrikreihen eingestellt worden sind, stimmt es nicht, dass die Verlage keine Gedichte mehr veröffentlichen, und einige der bekanntesten Dichter (ich meine zeitgenössische, nicht klassische) erreichen sogar hohe Auflagen. Der zweite (ebenfalls sehr berechtigte) ist: Für junge Dichter, die bekannt werden wollen, gibt es alternative Kanäle wie Zeitschriften, Festivals und öffentliche Lesungen. Der dritte Einwand lautet, wie ein preisgekrönter Dichter gesagt hat: »Wenn du ins Internet gehst, um nach Lyrik zu suchen, findest du jede Menge unbrauchbares Zeug, emotionale Ergüsse nach Dorfdeppenart; die Blogs sind zum größten Teil von Exhibitionisten gemacht, und man findet den übelsten Quatsch ohne irgendeine Orientierung.«

Dieser dritte Einwand ist nicht falsch, denn im Internet findet man wirklich alles, aber er verlangt ein paar weitere Überlegungen. Treu den Methodenlehren des Aquinaten bin ich daher versucht, nachdem ich mir die verschiedenen Thesen angehört habe, mein *respondeo dicendum quod* vorzubringen. Gewiss sind die Lyrikreihen und sonstigen abgeschiedenen Orte, wo sich die Verfasser und die Leser von Lyrik treffen und einander zuhören können, weiterhin unverzichtbar für die jungen Dichter wie für die jungen Leser.

Für erstere, damit sie einen Ort des Vergleichs finden, eine Art Prüfstand, wo sie kritisiert und bewertet werden und man ihnen – sagen wir's ruhig – im Zweifel auch rät, den Beruf zu wechseln, wenn sie (wie es bei der großen Mehrheit jener neunzig Prozent aller alphabetisierten Menschen der Fall ist, die früher oder später versucht sind, Gedichte zu schreiben) eher für schlichte Feldarbeit taugen. Und für die jungen Leser, damit sie Qualitätskriterien und Hilfe beim Auswählen finden. Ein junger Lyrikliebhaber kann gewöhnlich auch Verse gut finden, die es nicht sind oder nur andere gute kopieren, während er, wenn er in einer angesehenen Lyrikreihe nach ihnen sucht, weiß, dass die Sachen, die er da liest, immerhin schon von jemandem gutgeheißen worden sind, dem man ein besonders feines Gespür für Qualität zubilligt.

Ich erinnere mich an meine Gymnasialjahre, die ich in einer Provinzstadt verbrachte, wo ich mir höchstens einige Bücher der Reihe *Lo Specchio* von Mondadori besorgen konnte, aber ich las jede Woche die Zeitschrift *La fiera letteraria* [Die literarische Messe]. Da gab es eine Rubrik, in der (so wie in anderen Wochenblättern die »Herzenspost«) von Lesern eingesandte Gedichte abgedruckt wurden, begleitet mal von Elogen, mal von Ermutigungen, mal auch von Korrekturen und sogar fürchterlichen Verrissen. Das alles geschah nach den poetischen Kriterien jener Zeit und dem Geschmack des Rezensenten, aber für mich war es eine große Lehre, eine Aufforderung, den Stil zu bewerten und nicht die guten Gefühle, und das erste Ergebnis dieser Lehre war (wofür unsere Literaturgeschichte der *Fiera* dankbar sein müsste), dass sie mich dazu brachte, meine eigenen Verse in den Papierkorb zu werfen.

Ist es möglich, dass es Internetseiten gibt, die heute dieselbe Funktion erfüllen? Man könnte hier einwenden, dass statt einer *Fiera letteraria*, damals der einzigen Wochenzeitung für Literatur und Kunst, die ein junger Mensch am Kiosk finden konnte, das Internet heute zehntausend ähnliche Seiten anbietet, und so haben wir auch hier wieder das Drama der Unmöglichkeit einer Trennung der Spreu vom Weizen. Doch ich erinnere mich, dass es auch zu meiner Zeit damals kleine Gratisblätter für bezahlende Poetikaster gab, also musste ich irgendwie (durch Gespür oder den Rat von jemand) begriffen haben, dass der *Fiera* mehr zu vertrauen war als diesen Schmierblättchen. Und so könnte es auch bei der Lyrik im Internet gehen. Wenn jene recht haben, die sagen, dass es einschlägige Festivals und Zeitschriften gibt, darf man annehmen, dass Dichter und Leser ernsthafter Lyrik auch die richtigen Hinweise auf vertrauenswürdige Websites finden können.

Und die anderen, die sogenannten Dorfdeppen? Und die hektischen Surfer, die sich nicht vom Computer lösen können und nicht wissen, dass es einschlägige Zeitschriften und Festivals gibt? Ihnen ist nicht zu helfen, zum Teufel mit ihnen, wie auch schon vor dem Internet, als Scharen von poetischen Lemmingen in den Rachen der *Vanity Press* und der wertlosen

Publicity-Preise fielen und die Reihen jenes unterirdischen Heeres von Autoren auf eigene Kosten vermehrten, das parallel zur »offiziellen« Welt der Literatur marschiert und von ihr ignoriert wird. Mit dem Vorteil, dass die schlechten Dichter, die ihre Produkte im Internet publizieren, nicht auch noch die kommerziellen Ausplünderer der Dichtung mästen. Und mit der Möglichkeit, da die Güte des Allerhöchsten unendlich ist, dass auch in jener Höllenbrühe manchmal eine Blume blüht.

16. August 2006

Wozu braucht man die Lehrer?

In der Lawine von Artikeln über das Mobbing in Schulen habe ich etwas gelesen, was ich nicht Mobbing nennen würde, sondern höchstens Unverschämtheit – allerdings eine signifikante Unverschämtheit. Ein Schüler soll einen Lehrer gefragt haben, um ihn zu provozieren: »Entschuldigen Sie, aber in Zeiten des Internets, was machen Sie da noch hier?«

Der Schüler sagte damit eine halbe Wahrheit, die sich übrigens sogar die Lehrer seit mindestens zwanzig Jahren sagen, nämlich dass die Schule früher zwar gewiss Bildung, aber vor allem Kenntnisse vermitteln sollte, vom Einmaleins in der Grundschule über die Hauptstadt von Madagaskar in der Mittelschule bis zu den Eckdaten des Dreißigjährigen Krieges im Gymnasium. Seit dem Aufkommen nicht erst des Internets, sondern des Fernsehens und sogar schon des Radios, ja womöglich schon seit dem Aufkommen des Kinos, erwerben die Kinder einen Großteil dieser Kenntnisse außerhalb ihres schulischen Lebens.

Mein Vater wusste als Kind nicht, dass Hiroshima eine Stadt in Japan ist und dass es die Insel Guadalcanal gibt, er hatte nur vage Kenntnisse über Dresden und wusste über Indien nur, was er darüber in den Romanen von Salgari las. Ich habe all diese Dinge aus dem Radio gelernt und aus den Landkartenausschnitten in Zeitungen, meine Kinder haben im Fernsehen nicht nur die norwegischen Fjorde und die Wüste Gobi gesehen, sondern auch, wie Bienen die Blüten besamen und wie ein Tyrannosaurus Rex aussah, und ein Junge von heute weiß, wenn er will, alles über das Ozon, über die Koalabären, über den Irak und über Afghanistan. Vielleicht weiß er noch nicht so genau, was Stammzellen sind, aber er hat schon mal davon gehört, während in meiner Schulzeit nicht einmal die Biologielehrerin es hätte sagen können. Was also machen die Lehrer da heute noch?

Der eingangs zitierte Schüler sagte nur eine halbe Wahrheit, weil der Lehrer den Schülern nicht nur Kenntnisse vermitteln, sondern sie vor allem bilden soll. Was aus einer Schulklasse eine gute Schulklasse macht, ist nicht, dass man in ihr Fakten und Daten lernt, sondern dass sich ein kontinuierlicher Dialog entwickelt, ein Vergleich von Meinungen, eine Diskussion über das, was man in der Schule lernt, und das, was draußen geschieht. Sicher, was im Irak geschieht, erfährt man aus dem Fernsehen, aber warum es immer dort geschieht, schon seit den Zeiten der mesopotamischen Frühkultur, und nicht zum Beispiel in Grönland, das kann uns nur die Schule sagen. Und sollte hier jemand einwenden, dass es uns manchmal auch glaubwürdige Personen in *Porta a porta**\ sagen, dann ist es die Schule, die *Porta a porta* diskutieren muss.

Die Massenmedien sagen uns viele Dinge, und sie übermitteln uns sogar Werte, aber die Schule müsste imstande sein, die Art und Weise zu diskutieren, in der sie uns Werte übermitteln, und den Ton und die Kraft der Argumentationen zu bewerten, die in Presse und Fernsehen entwickelt werden. Und dann gibt es noch den Faktencheck der von den Medien verbreiteten Informationen. Um nur ein ganz kleines Beispiel zu nennen: Wer, wenn nicht ein Lehrer, kann die falschen

---

* Beliebte politische Talkshow im 1. Programm der RAI (A. d. Ü.).

Aussprachen jenes Englisch korrigieren, das hierzulande jeder aus dem Fernsehen lernen zu können glaubt?

Doch der eingangs zitierte Schüler sagte dem Lehrer nicht, dass er ihn nicht mehr brauche, weil er heute aus Radio und Fernsehen erfahren könne, wo Timbuktu liegt oder was es mit der Kalten Fusion auf sich hat – mit anderen Worten, er sagte ihm nicht, dass seine Rolle von sozusagen losen Diskursen übernommen worden ist, die zufällig und ganz ungeordnet in den diversen Medien kursieren (und dass daher, wenn wir viel über den Irak und wenig über Syrien wissen, dies letztlich vom guten oder bösen Willen eines US-Präsidenten G. W. Bush abhängt). Der Schüler sagte ihm, dass es heute Internet gibt, die Große Mutter aller Enzyklopädien, worin man sowohl Syrien wie die Kalte Fusion, den Dreißigjährigen Krieg und die endlose Diskussion über die höchste Primzahl findet. Er sagte, dass die Informationen, die ihm das Internet zur Verfügung stellt, unendlich viel umfassender und oft auch gesicherter sind als die seines Lehrers. Und dabei übersah er einen wichtigen Punkt: Das Internet sagt ihm *fast alles*, nur nicht, wie man diese Informationen gezielt sucht und dann filtert, selektiert, akzeptiert oder verwirft.

Zum Speichern neuer Informationen ist jeder fähig, solange er genug Speicherplatz hat. Aber zu entscheiden, welche Informationen es wert sind, gespeichert zu werden, und welche es nicht sind, ist eine subtile Kunst. Sie zu beherrschen macht den Unterschied aus zwischen dem, der einen regulären Schulunterricht genossen hat (auch einen schlechten), und dem Autodidakten (auch einem genialen).

Das dramatische Problem ist freilich, dass vielleicht auch der Lehrer nicht in der Lage ist, die Kunst der Trennung von Spreu und Weizen zu lehren, zumindest nicht auf jedem Wissensgebiet. Doch er weiß wenigstens, dass er dazu in der Lage sein sollte, und wenn er keine genauen Instruktionen darüber geben kann, wie die Spreu vom Weizen zu trennen ist, kann er zumindest ein Beispiel für jemanden geben, der sich anstrengt, von Mal zu Mal zu vergleichen und zu beurteilen, was ihm das Internet liefert. Und schließlich kann er Tag für Tag die Bemühung vorführen, in ein System einzuordnen, was ihm das Internet in alphabetischer Folge liefert, indem es sagt, dass es Tamerlan und die Monokotyledonen gibt, aber nicht, in welchem systematischen Verhältnis diese beiden Begriffe zueinander stehen.

Den Sinn dieser Verhältnisse kann nur die Schule lehren, und wenn sie es noch nicht kann, sollte sie es rasch lernen. Sonst bleiben die drei I von Internet, Information und Investition nur der erste Teil eines Eselsgeschreis, das nicht zum Himmel aufsteigt.

17. April 2007

Das Handy verschlucken

Vorige Woche las ich in einer Zeitung folgende ungewöhnliche Meldung: »Marokkaner verschluckt in Rom ein Handy und wird von der Polizei gerettet.« Sprich: Eine Polizeistreife kommt am späten Abend vorbei, sieht einen Typ am Boden liegen, der Blut spuckt, umgeben von Typen wie ihm, greift ihn auf, bringt ihn in die Klinik, und dort ziehen sie ihm ein Nokia aus dem Hals.

Nun scheint es mir unmöglich (außer in einem Werbegag von Nokia), dass ein Mensch, so durchgeknallt er auch sein mag, ein Mobiltelefon verschluckt. Die Zeitung meinte, die Sache könne sich während eines Streits zwischen Drogendealern abgespielt haben, das Handy sei dem Typ wahrscheinlich mit Gewalt in den Hals gestopft worden, nicht als Leckerbissen, sondern als Strafe (vielleicht weil er mit jemandem telefoniert hatte, mit dem er es nicht durfte).

Der Stein im Mund ist eine Strafe der Mafia, er wird zwischen die Zähne der Leiche eines Verräters geschoben, der Geheimnisse an Außenstehende weitergegeben hat (dazu gibt es einen gleichnamigen Film von Giuseppe Ferrara[*]), und es ist nicht weiter verwunderlich, wenn dieser Brauch auch auf andere Gruppen übergegriffen hat – im übrigen ist die Mafia ein so internationales Phänomen, dass meine russische Übersetzerin vor ein paar Jahren in Moskau gefragt worden ist, wie man »Mafia« auf Italienisch sage.

[*] Gemeint ist der Film *Il sasso in bocca* von 1969 (A. d. Ü.).

Aber diesmal handelt es sich nicht um einen Stein im Mund, sondern um ein Mobiltelefon, und das erscheint mir hochgradig symbolisch. Die neue Kriminalität ist nicht mehr ländlich, sondern urban und zugleich technologisch, und darum ist es nur natürlich, dass der Getötete nicht mehr zu einem Ziegenbock gemacht wird, sondern zu einem Cyborg. Mehr noch, jemandem ein Handy in den Mund zu stopfen, ist so etwas wie ihm die Hoden abzutrennen, eine Verletzung des Intimsten und Persönlichsten, was er hat. Das Handy ist die natürliche Fortsetzung seiner Körperlichkeit, die Verlängerung der Ohren, der Augen und oft auch des Penis. Jemanden mit seinem Handy zu ersticken ist, wie ihn mit seinen eigenen Eingeweiden zu erwürgen. Da, nimm, Post für dich.

16. Mai 2008

Eine Erdbeertorte mit Sahne

Vor einiger Zeit war ich in Rom in der Spanischen Akademie, ich versuchte zu sprechen, aber eine Dame blendete mich mit einer Stablampe (um ihre TV-Kamera gut zu fokussieren), so dass ich meine Notizen nicht lesen konnte. Ich reagierte ziemlich ungehalten, indem ich sagte (wie ich es bei zudringlichen Fotografen manchmal tue), wenn ich arbeite, sollen die anderen ihre Arbeit einstellen, wegen der Arbeitsteilung. Die Dame knipste ihre Stablampe aus, aber mit einer Miene, als habe sie einen Übergriff erlitten. Letzte Woche dann, in San Leo, bei der Eröffnung einer sehr schönen Initiative der Kommune zur Wiederentdeckung der Landschaften des Montefeltro in den Gemälden von Piero della Francesca, blendeten mich drei Typen mit Blitzlichtern, und ich musste sie an die Regeln des guten Benehmens erinnern.

Man beachte: In beiden Fällen waren die Leute, die mich blendeten, keine Spitzel im Dienst von *Big Brother*, sondern vermutlich gebildete Leute, die freiwillig gekommen waren, um sich Reden von einer gewissen Bedeutung anzuhören. Dennoch hat offensichtlich das Syndrom des elektronischen Auges sie von dem wohl angestrebten humanen Niveau herabsteigen lassen: Praktisch desinteressiert an dem, was ich sagte, wollten sie nur das Event aufnehmen, womöglich, um es dann in YouTube zu laden. Sie hatten darauf verzichtet, meine Worte zu verstehen, um ihren Handys anzuvertrauen, was sie mit eigenen Augen hätten sehen können.

Diese Dauerpräsenz eines mechanischen Auges zu Lasten

des Gehirns scheint auch Personen, die sonst kultiviert sind, mental entstellt zu haben. Sie werden das Event, zu dem sie gekommen sind, mit ein paar Bildern verlassen haben (und sie wären gerechtfertigt, wenn ich ein Stripper gewesen wäre), aber ohne eine blasse Idee von dem, was da in ihrer Gegenwart stattgefunden hat. Und wenn sie, wie ich mir vorstelle, weiter in der Welt herumlaufen, um alles zu fotografieren, was sie sehen, sind sie offenkundig dazu verdammt, am nächsten Tag zu vergessen, was sie am Vortag aufgenommen haben.

Ich habe bei verschiedenen Gelegenheiten erzählt, wie ich im Jahre 1960 aufhörte zu fotografieren, nachdem ich eine Reihe französischer Kathedralen besucht und wie ein Verrückter alles fotografiert hatte. Zu Hause stand ich dann vor einem Haufen schlechter Fotos und konnte mich nicht mehr erinnern, was ich gesehen hatte. Ich warf die Kamera weg und nahm auf meinen folgenden Reisen alles, was ich sah, nur im Geiste auf. Zur Erinnerung, mehr für die anderen als für mich selbst, kaufte ich mir gute Postkarten.

Einmal, als ich elf Jahre alt war, hatte mich ein ungewöhnlicher Lärm auf den Wall der Stadt gelockt, in die wir evakuiert worden waren. Von weitem sah ich: Ein Lkw hatte einen leichten Pferdewagen gerammt, auf dem Kutschbock hatten ein Bauer und seine Frau gesessen. Die Frau war zu Boden gestürzt und hatte sich den Schädel gebrochen, sie lag in einer Lache von Blut und Hirnmasse (in meiner noch immer verstörten Erinnerung war es, als hätte man eine Erdbeertorte mit Sahne zermatscht), während ihr Mann sie verzweifelt wimmernd in den Armen hielt.

Ich war stehengeblieben, schreckensstarr: Es war nicht nur das erste Mal, dass ich Hirnmasse auf den Asphalt geschmiert sah (und zum Glück war es das letzte Mal), sondern auch das erste Mal, dass ich dem Tod begegnet war. Und dem Leid, der Verzweiflung.

Was wäre geschehen, wenn ich, wie heute fast jeder Jugendliche, ein Handy mit eingebauter Kamera dabeigehabt hätte? Vielleicht hätte ich die Szene aufgenommen, um den Freunden zu zeigen, dass ich dabei gewesen war, und dann hätte ich mein visuelles Kapital in YouTube geladen, um andere Anhänger der *Schadenfreude** zu entzücken. Und danach, wer weiß, hätte ich so weitergemacht und andere Unfälle aufgenommen und wäre gleichgültig für das Leiden anderer geworden.

Stattdessen habe ich alles in meinem Gedächtnis gespeichert, und noch nach siebzig Jahren verfolgt mich dieses Bild und lehrt mich noch immer, zu einem nicht gleichgültigen Teilnehmer an den Schmerzen anderer zu werden. Ich weiß nicht, ob die Kinder von heute noch diese Möglichkeit haben, erwachsen zu werden. Die Erwachsenen mit ihren aufs Handy starrenden Augen sind für immer verloren.

10. Juli 2012

---

*　Im Original deutsch (A. d. Ü.).

Das Handy und Schneewittchens
böse Königin

Ich gehe auf dem Bürgersteig und sehe, dass mir eine Dame entgegenkommt, die auf ihr Handy starrt und daher nicht sehen kann, was vor ihr ist. Wenn ich nicht ausweiche, werden wir zusammenstoßen. Da ich im Innersten bösartig bin, bleibe ich plötzlich stehen und drehe mich um, als blickte ich zurück in die Straße. So prallt sie gegen meinen Rücken. Ich hatte mich versteift, um den Stoß zu parieren, und habe mich gut gehalten, aber sie rastet aus, ihr Handy ist runtergefallen, ihr wird klar, dass sie gegen jemanden gestoßen ist, den sie nicht gesehen hat und dem sie hätte ausweichen müssen. Sie stottert ein paar Entschuldigungen, worauf ich menschenfreundlich erwidere: »Machen Sie sich keine Sorgen, sowas kommt vor heutzutage.«

Ich hoffe nur, dass ihr Handy durch den Fall kaputtgegangen ist, und ich rate jedem, der in ähnliche Situationen gerät, sich so zu verhalten wie ich. Eigentlich müsste man diese hektischen Dauertelefonierer schon als Kinder töten, aber da nicht jeden Tag ein Herodes zu finden ist, empfiehlt es sich, sie wenigstens als Erwachsene zu bestrafen, auch wenn sie nie begreifen werden, in welchen Abgrund sie gefallen sind, und folglich immer so weitermachen.

Ich weiß sehr wohl, dass über das Handy-Syndrom mittlerweile Dutzende Bücher geschrieben worden sind und dem eigentlich nichts mehr hinzuzufügen wäre, aber wenn man einen Augenblick nachdenkt, scheint es doch unerklärlich, dass fast die gesamte Menschheit vom selben Wahnsinn erfasst worden ist und keine Blickkontakte Aug in Auge mehr hat, nicht mehr die Umgebung betrachtet, nicht mehr über Leben und Tod nachdenkt, sondern wie besessen redet und redet, fast immer ohne etwas zu sagen zu haben, und so das ganze Leben als Dauerdialog zwischen Blinden verbringt.

Es liegt wohl daran, dass wir in einer Zeit leben, in der es der Menschheit zum ersten Mal gelungen ist, einen der drei heißersehnten Wünsche zu verwirklichen, die ihr jahrhundertelang die Magie zu erfüllen versprach. Der erste ist der Wunsch, fliegen zu können, aber indem man sich in die Luft erhebt und mit den Armen schlägt, nicht indem man ein Flugzeug besteigt; der zweite ist der Wunsch, auf den Feind oder die geliebte Person einwirken zu können, indem man bestimmte Worte ausspricht oder in eine Puppe sticht; der dritte ist genau der, über weite Entfernung kommunizieren zu können, sogar über Ozeane und Gebirge, mittels eines Geistes oder wunderbaren Gegenstandes, der uns im Nu von Livorno in den Himalaya, von Innisfree nach Timbuktu und von Bagdad nach Poughkeepsie versetzt, so dass wir ohne Zeitverlust mit tausende Meilen Entfernten kommunizieren können. Und zwar allein, durch eigenes Handeln, nicht wie noch beim Fernsehen, wo man von der Entscheidung anderer abhängig ist und sich nicht immer live sieht.

Was hat die Menschen jahrhundertelang verfügbar für magische Praktiken gemacht? Die Eile. Die Magie versprach, dass man mit einem Schlag von einer Ursache zu einer Wirkung gelangen könne, per Kurzschluss, ohne durch Zwischenstadien gehen zu müssen – ich spreche eine Formel aus und verwandle Eisen in Gold, ich rufe die Engel an und sende durch sie eine Nachricht. Der Glaube an die Magie ist mit dem Aufkommen der experimentellen Wissenschaft nicht verschwunden, der Traum einer Gleichzeitigkeit von Ursache und Wirkung hat sich in die Technologie verlagert. Heute ist es die Technologie, die einem alles sofort gibt (du drückst einen Knopf auf dem Handy und sprichst sofort mit Sydney), während die Wissenschaft langsam voranschreitet und ihre vorsichtige Langsamkeit uns nicht befriedigt, weil wir das Heilmittel gegen Krebs sofort haben wollen und nicht erst morgen – so dass wir geneigt sind, dem Wunderheiler zu vertrauen, der uns das Wundermittel stante pede verspricht, ohne uns jahrelang warten zu lassen.

Das Verhältnis zwischen Technikbegeisterung und magischem Denken ist sehr eng und verbindet sich mit der religiösen Hoffnung auf den blitzartigen Erfolg des Wunders. Das theologische Denken sprach und spricht von Mysterien, aber es argumentierte und argumentiert, um uns zu zeigen, inwiefern sie vorstellbar sind – oder unergründlich. Der Wunderglaube zeigt uns dagegen das Numinose, das Heilige, das Göttliche, das erscheint und ohne zu zögern handelt.

Besteht womöglich eine Beziehung zwischen dem Wunderheiler, der uns sofortige Genesung von Krebs verspricht, und dem frommen Pater Pio, dem Mobiltelefon und der bösen Königin in *Schneewittchen*? In einem gewissen Sinne wohl ja. Daher lebt die Dame, die mit mir zusammengestoßen ist, in einer Märchenwelt, verzaubert mehr durch ein akustisches Aufnahmegerät als durch einen magischen Spiegel.

3. April 2015

Die Fünfte Gewalt

Wir waren an zwei Prinzipien gewöhnt: Das eine drückte sich in einem deftigen sizilianischen Spruch aus: *Megghiu cummannari ca fottiri*, was dezent übersetzt etwa hieße: »Macht ausüben ist besser als Unzucht treiben«, das andere war, dass Machthaber, wenn sie nach sexuellen Beziehungen strebten, auf Frauen wie die Gräfin Castiglione aus waren, auf Mata Hari, Sarah Bernhard oder Marilyn Monroe.

Es verblüfft nun, dass viele Politiker oder Geschäftsleute sich heute weniger durch Beteiligungen an internationalen Finanztransaktionen korrumpieren lassen als vielmehr durch Dienste von professionellen Damen, die gewiss fähige Profis sind, aber nicht mehr als tausend Euro pro Einsatz kosten – was viel für einen prekär Angestellten ist, aber sehr viel weniger, als zu ihrer Zeit eine Madame Pompadour kostete. Und wenn die Betreffenden andere Vorlieben haben, verlangt es sie nicht nach einem zartfühlenden Alkibiades, sondern nach einem Transsexuellen, der durch allerlei Unbill in den Hafengassen von Piräus gezeichnet ist.

Mehr noch, es scheint, dass viele zwar durchaus nach Machtpositionen streben, aber nicht, weil sie diese für besser als sexuelle Positionen halten, sondern hauptsächlich zu dem Zweck, sich in unerhörten sexuellen Stellungen zu erproben. Wohlgemerkt, nicht dass die Mächtigen von einst keinen Sinn für die Freuden des Fleisches gehabt hätten. Zwar hatten uns ein Alcide De Gasperi oder ein Enrico Berlinguer an andere Formen von Austerität gewöhnt, Togliatti hatte allenfalls eine Scheidung gewagt, und wenn eine Minderjährige ihn »Papi« nannte, dann weil er sie adoptiert hatte. Aber Julius Cäsar trieb es unterschiedslos mit Centurionen, römischen Patrizierinnen und Königinnen von Ägypten, der französische Sonnenkönig hatte reihenweise Mätressen, unser König Viktor Emanuel II. verehrte die schöne Rosina, von Kennedy ganz zu schweigen. Dennoch schienen all diese großen Männer die Frau (oder den Epheben) als die Ruhe des Kriegers zu betrachten, soll heißen: Zuerst und vor allem ging es darum, Baktrien zu erobern, Vercingetorix zu demütigen, von den Alpen bis zu den Pyramiden zu triumphieren, Italien zu vereinen, und der Sex kam am Ende hinzu, so wie ein Martini *straight up* am Ende eines anstrengenden Tages.

Die Mächtigen von heute scheinen dagegen in erster Linie nach einem schönen Bunga-Bunga-Abend zu streben, und zum Teufel mit den großen Unternehmungen oder den Großunternehmen.

Der Grund ist wohl, dass die Helden der Vergangenheit sich erregten, wenn sie Plutarch lasen, während die von heute sich nach Mitternacht an Sendungen in Privatkanälen aufgeilen oder sich online erregen. Ich habe im Internet nach Pater Pio gesucht: 1 400 000 Fundstellen, nicht schlecht. Dann habe ich »Jesus« gegoogelt: 4 830 000 Fundstellen – der Nazarener ist noch höher bewertet als der Pietrelcinese. Danach habe ich »Porno« eingegeben, und da kamen 130 000 000 (in Worten: einhundertdreißig Millionen) Fundstellen. In der Annahme, dass Porno zu allgemein im Vergleich zu Jesus sein könnte, beschloss ich, Porno mit Religion zu vergleichen: »Religion« ergab etwas mehr als neun Millionen Fundstellen, also knapp doppelt soviel wie Jesus, was ich politisch korrekt finde, aber sehr wenig verglichen mit Porno.

Was findet man auf den hundertdreißig Millionen Porno-seiten? Unter den diversen Optionen finden sich Anal, Asiatic, Latino, Feticism, Orgy, Bisexual, Cunnilingus, German *(sic)*, Lesbian, Masturbation, Voyeur (man beobachtet einen, der eine fleischliche Zusammenkunft beobachtet), und dann die verschiedenen Formen von Inzest, Vater mit Tochter, Bruder mit Schwester, Mutter mit Sohn, Vater, Mutter, Sohn und Tochter alle zusammen, Stiefmutter und Stiefsohn, aber auch Enkel und Großmutter *(granny)* und MILF, das heißt (siehe Wikipedia) *Mother I'd Like to Fuck*, oder auch die Art von Muttchen, mit der man gerne was hätte, meist gefällige Damen zwischen dreißig und fünfundvierzig (und man bedenke: Balzac gab der Geschichte eines weiblichen Verfalls den Titel *Die Frau von dreißig Jahren*).

Nun kann Pornografie ja eine Erleichterung für jene sein, die aus irgendwelchen Gründen keinen richtigen Sex haben können, oder einem müde gewordenen Paar vorführen, wie man seine Beziehung wieder aufmuntern kann (und in diesem Sinne hat sie eine positive Funktion). Aber sie kann auch die Phantasie unterdrückter Personen erregen und sie dazu bringen, ihren Trieb durch Belästigung, Übergriffe und Vergewaltigungen zu befriedigen. Außerdem überzeugt einen die Pornografie, dass eine Escort-Dame für tausend Euro Dinge tun kann, die nicht einmal eine Hetäre wie Phryne sich hätte vorstellen können.

Aber denken wir nicht nur an die dreißig Prozent Italiener, die das Internet nutzen; die anderen siebzig Prozent können im Fernsehen täglich – und vor allem nächtlich – zehnmal tollere Shows sehen als jene, die sich in den vierziger Jahren nur die Mailänder Großbonzen und Wirtschaftskapitäne leisten konnten, und das nur einmal im Jahr, wenn sie Wanda

Osiris* ansehen gingen. Heute wird ein normaler Mensch in sehr viel größerem Maße durch Sex provoziert, als es seinem Großvater jemals passieren konnte. Das gilt sogar für die armen Pfarrer: Früher sahen sie nur ihre Haushälterinnen und lasen nur den *Osservatore Romano*, heute sehen sie jeden Abend Reihen von schenkelschwingenden Mädchen, die sich in den Hüften wiegen. Und dann wundert man sich, wenn einer pädophil wird.

Warum bedenken wir nicht, dass diese permanente Aufstachelung des Begehrens auch eine Wirkung auf die Verantwortlichen der Res publica hat, indem sie eine Mutation der Spezies hervorruft und den eigentlichen Zweck ihres ganzen gesellschaftlichen Handelns verändert?

19. Februar 2010

Nachtrag nach fünf Jahren

Jemand hat gesagt, der Soziologe sei einer, der im Striptease-lokal nicht auf die Bühne schaut, sondern ins Publikum. Ich habe keine Möglichkeit, das Publikum der Pornoseiten im Internet zu kontrollieren, und ich kann nicht einmal alles sehen, was dort auf der Bühne geschieht. Die Anzahl der Pornoseiten scheint, glaubt man diversen Untersuchungen über das Internet, unerforschlich zu sein. Einer Untersuchung von 2003 zufolge soll es damals 260 Millionen gegeben haben, aber das scheint mir übertrieben, vielleicht haben sie als Porno auch eine Seite mitgezählt, in der Carrol Baker leichtgeschürzt zu

---

* Italienische Schauspielerin und Sängerin (1905–1994), nach 1945 unbestritten Diva der Mailänder Varieté- und Theaterbühnen (A. d. Ü.).

sehen ist. Als ich eine davon anklickte, vielleicht die meistbesuchte, sah ich, dass es dort 17 Kategorien gibt, von denen jede durchschnittlich mehrere tausend Videos enthält. Bedenkt man zudem, dass die Seiten täglich erneuert werden (wobei aber die alten weiter zu sehen bleiben), kann man mit rund 170 000 Videos rechnen. Und da man von dieser Seite aus Zugriff auf weitere 21 Seiten hat, bin ich, auch unter Berücksichtigung der Wiederholungen und der Tatsache, dass manche Seiten bescheidener sind, auf eine Zahl wie 3 570 000 gekommen. Das sind nicht 260 Millionen und sicherlich mehr als drei, aber so ungefähr steht es mit der vermutlichen Größe dieses Phänomens.

Da ich nicht die Zeit hatte, mir drei Millionen Websites anzusehen, denn *ars longa, vita brevis*, habe ich mir einige quasi per Zufall als Musterbeispiele herausgepickt und dabei eine Beobachtung gemacht, die keinen wissenschaftlichen Anspruch erheben kann, aber mich persönlich überzeugt hat. Dass wir uns recht verstehen, ich habe mir nur die Gesichter der Frauen angesehen (die der Männer spielen kaum eine Rolle, da bei denen die Kameras vorwiegend auf den Fortpflanzungsapparat fokussiert sind), und dabei habe ich entdeckt, dass ein Großteil der in diese erotischen Spiele verwickelten Frauen, wenn sie den Mund aufmachen (und das tun sie oft, nicht nur zum Lächeln oder zur Bekundung ihrer Zufriedenheit), sehr unvollkommene Zahnreihen entblößen. Die Schneidezähne gehen meist noch, aber die Eckzähne sind oft krumm und winzig, ganz zu schweigen von den unregelmäßigen Mahlzähnen und den auffälligen Plomben, die sie erkennen lassen.

Wenn in Hollywood eine neue Diva lanciert wird, lässt man ihr als erstes die Zähne richten. Aber die Operation ist sehr teuer, und das weiß auch, wer in Bukarest zu einem Zahnarzt geht. Daher dürfte klar sein, dass ein sehr großer Teil der Frauen, die sich für Pornovideos hergeben und oft durchaus hübsch oder zumindest nett anzusehen sind, aus sehr niedrigen sozialen Verhältnissen kommt und kein Geld für Zahnoperationen hat. Ich glaube nicht, dass sie hoffen, die nötige Summe durch ihre Darbietungen aufzubringen, da ihre große Zahl auf ein hohes Angebot schließen lässt und folglich ihre Einnahmen nicht gerade astronomisch sein dürften (wie auch hier wieder dem Netz zu entnehmen ist, können zwar die populärsten auch schon mal zehntausend Dollar im Monat verdienen, aber ihre Saison ist sehr kurz, und die wirklichen Stars kann man an den Fingern abzählen). Vielleicht hoffen sie, wenn sie auf den Bildschirmen der Computer erscheinen, werde sie irgendein Hollywood-Magnat entdecken und beschließen, ihnen das Gebiss richten zu lassen. Oder nein, vielleicht wissen sie, dass man es mit solchen Zähnen nicht nach Hollywood schafft, und finden sich damit ab, sich für erotische Unterligaspiele herzugeben?

Das lehrt uns etwas: Dieses riesige Heer von Vollzeit-Rammelnden kommt aus dem Proletariat der Sexindustrie, und daher ist die Gesamtheit der Pornoproduktion nichts anderes als eine neue Form von Menschenhandel und Ausbeutung hoffnungslos Abhängiger.

Gesagt werden muss auch, weil die Betrachter sich oft bei dem Gedanken erregen, diese Frauen täten das, was sie tun, aus Unverschämtheit, aus Schamlosigkeit, aus Lust, aus frechem Provokationswillen, und das mache sie begehrenswert: Nein, sie tun es aus Verzweiflung, weil sie wissen, dass sie mit solchen Zähnen keinerlei Zukunft haben, sondern nur eine unterbezahlte Gegenwart.

III

Über Komplotte
und Massenmedien

Wo ist der Tiefe Schlund?

Über den 11. September kursieren bekanntlich viele Verschwörungstheorien. Es gibt die extremen (die sich in fundamentalistischen Websites arabischer und neonazistischer Herkunft finden), denen zufolge die Verschwörung von den Juden organisiert worden ist und alle Juden, die in den beiden Türmen arbeiteten, am Vortag gewarnt worden sind, am nächsten Morgen nicht zur Arbeit zu gehen – während man weiß, dass etwa vierhundert israelische Staatsbürger respektive amerikanische Juden unter den Opfern waren. Dann gibt es die Anti-Bush-Theorien, nach denen die Anschläge von der Bush-Regierung organisiert worden sind, um in Afghanistan und im Irak einfallen zu können; andere schreiben sie diversen mehr oder minder »fehlgeleiteten« amerikanischen Geheimdiensten zu. Es gibt auch die Theorie, das Komplott sei zwar fundamentalistisch-arabisch gewesen, aber die amerikanische Regierung habe vorher davon erfahren, habe der Sache dann jedoch ihren Lauf gelassen, um einen Vorwand für ihren Angriff auf Afghanistan und Irak zu haben (ähnlich wie von Roosevelt gesagt worden ist, er habe von dem bevorstehenden Angriff auf Pearl Harbour gewusst, aber nichts unternommen, um seine Flotte in Sicherheit zu bringen, weil er einen Vorwand brauchte, um den Krieg gegen Japan zu beginnen). Und schließlich gibt es die Theorie, nach der die Anschläge zwar von Bin Ladens Fundamentalisten verübt worden sind, aber die für die Verteidigung des amerikanischen Territoriums zuständigen Behörden schlecht oder zu spät reagiert und damit eine schreckliche Inkompetenz bewiesen hatten. In all diesen Fällen behaupten die Vertreter mindestens einer dieser Verschwörungstheorien, dass die offizielle Rekonstruktion der Fakten bewusst gefälscht, betrügerisch und kindisch sei.

Wer sich ein genaueres Bild von diesen Verschwörungstheorien machen will, lese das Buch *Zero. Perché la versione ufficiale sull'11/9 è un falso*, herausgegeben von Giulietto Chiesa und Roberto Vignoli (Verlag Piemme, 2007)[*] mit Beiträgen von so angesehenen Personen wie Gore Vidal, Gianni Vattimo, Franco Cardini, Lidia Ravera und vielen anderen mehr.

Wer jedoch auch die gegenteilige Glocke läuten hören möchte, bedanke sich beim selben Verlag, der mit bewundernswerter *aequitas animae* (und mit der offenkundigen Fähigkeit, zwei gegensätzliche Marktbereiche zu erobern) im selben Jahr auch ein Buch *gegen* die Verschwörungstheorien herausgebracht hat: *11/9. La cospirazione impossibile*, herausgegeben von Massimo Polidoro, mit ebenso angesehenen Beiträgern wie Piergiorgio Odifreddi oder James Randi. Die Tatsache, dass auch ich dort als Autor erscheine, spricht weder gegen noch für mich, denn der Herausgeber hatte mich lediglich um die Abdruckgenehmigung für einen längst veröffentlichten Streichholzbrief gebeten, in dem es nicht so sehr um den 11. September ging als um das immerwährende Syndrom der Verschwörung. Da ich jedoch der Meinung bin, dass unsere Welt durch Zufall entstanden ist, habe ich keine Schwierigkeiten zu behaupten, dass es auch Zufall oder das Zusammentreffen verschiedener Dummheiten war und ist, was zu

---

[*] Nicht ins Deutsche übersetzt, vgl. aber den sehr detailreichen und ausführlichen Wikipedia-Artikel »Verschwörungstheorien zum 11. September 2001«, der auch zahlreiche Literaturangaben enthält (A. d. Ü.).

den allermeisten Geschehnissen geführt hat, die diese Welt im Laufe der Jahrtausende gequält haben, vom Trojanischen Krieg bis in unsere Tage, und infolgedessen bin ich von Natur aus, also aus Skeptizismus und Vorsicht, stets geneigt, Verschwörungen aller Art zu bezweifeln, da ich überzeugt bin, dass meinesgleichen zu dumm ist, auch nur eine einzige tatsächlich zustande zu bringen. Dies übrigens auch dann, wenn ich – sicher pessimistisch grundiert, aber aus unbezwinglichem Drang – dazu neigen würde, Präsident Bush und seiner Regierung alles zuzutrauen.

Ich möchte hier (auch aus Platzgründen) nicht auf die Einzelheiten der von den Vertretern beider Thesen angeführten Argumente eingehen, die allesamt überzeugend klingen mögen, sondern mich bloß auf das berufen, was ich den »Beweis des Schweigens« nenne. Ein Beispiel für den Beweis des Schweigens kann man zum Beispiel gegen jene ins Feld führen, die insinuieren, dass die amerikanische Landung auf dem Mond eine Fälschung im Fernsehstudio gewesen sei. Wenn das amerikanische Raumschiff nicht auf dem Mond gelandet wäre, hätte das damals jemand gesagt, denn es gab jemanden, der in der Lage war, es zu überprüfen, und der ein Interesse daran gehabt hätte, es zu sagen, nämlich die Sowjetunion. Dass die Sowjets damals geschwiegen haben, ist für mich der Beweis, dass die Amerikaner wirklich auf dem Mond gelandet sind. Punkt und basta.

Was schließlich die Verschwörungen und die Geheimnisse angeht, so sagt uns die Erfahrung (auch die historische) folgendes: 1.) Wenn es ein Geheimnis gibt, sei es auch nur einer einzigen Person bekannt, so wird diese Person es früher oder später offenbaren, womöglich im Bett ihrem Liebhaber – nur die naiven Freimaurer und die Adepten gewisser kindischer

Templerritten glauben an ein Geheimnis, das niemals aufgedeckt wird. 2.) Wenn es ein Geheimnis gibt, wird es immer auch eine angemessene Summe geben, für die jemand bereit ist, es zu enthüllen (ein paar Hunderttausend Pfund Sterling als Honorar für Autorenrechte genügten, um einen Offizier der britischen Armee dazu zu bringen, alles zu erzählen, was er mit Prinzessin Diana im Bett gemacht hat, und hätte er es mit Dianas Schwiegermutter getan, hätte es genügt, die Summe zu verdoppeln, und ein Gentleman seines Schlages hätte auch das erzählt). Um nun einen vorgetäuschten Anschlag auf die Twin Towers zu organisieren (also um sie zu verminen, um der Luftwaffe zu bedeuten, dass sie nicht eingreifen soll, um störende Beweise zu beseitigen und so weiter), wäre die Mitwirkung wenn nicht Tausender, so doch zumindest Hunderter von Personen nötig gewesen. Die zu solchen Zwecken benutzten Personen sind jedoch gewöhnlich keine Gentlemen, und es ist ganz undenkbar, dass nicht wenigstens eine von ihnen für eine angemessene Summe geredet hätte. Kurzum, in dieser Geschichte fehlt der Tiefe Schlund.[*]

---

[*] Anspielung auf »Deep Throat«, das Pseudonym des Hauptinformanten der Watergate-Affäre 1972–73, der erst 2005 enttarnt wurde, vgl. den Wikipedia-Artikel »Mark Felt« (A. d. Ü.).

Verschwörungen und Geheimnisse

Jetzt ist Kate Tucketts Buch *Conspiracy Theories* ins Italienische übersetzt worden. Das Komplott-Syndrom ist so alt wie die Welt, und wer seine Philosophie brillant skizziert hatte, war Karl Popper in seinem Aufsatz über die Verschwörungstheorie der Gesellschaft (»The Conspiracy Theory of Society«, in *Conjectures and Refutations*, Routledge & Kegan Paul, London 1963). »Diese Theorie, die älter ist als die meisten Formen des Theismus, ähnelt Homers Gesellschaftstheorie. Homer verstand die Macht der Götter so, dass alles, was auf der Ebene vor Troja geschah, nur eine Widerspiegelung der diversen Verschwörungen auf dem Olymp war. Die Verschwörungstheorie der Gesellschaft ist bloß eine andere Version dieses Theismus, also eines Glaubens an Götter, deren Launen und Wille alles beherrschen. Sie kommt aus der Abkehr von Gott und aus der Frage: ›Wer ist an seine Stelle getreten?‹ An seine Stelle werden dann verschiedene mächtige Männer und Gruppen gesetzt – sinistre *pressure groups*, die man beschuldigen kann, die große Depression und alle Übel, unter denen wir leiden, geplant zu haben. [...] Nur wenn Anhänger der Verschwörungstheorie an die Macht kommen, wird diese zu etwas wie einer Theorie, die reales Geschehen erklärt. Zum Beispiel, als Hitler an die Macht gelangte, versuchte er, der ja an den Mythos der Weisen von Zion glaubte, deren Verschwörung mit seiner Gegenverschwörung zu übertreffen.«

Die Psychologie des Komplotts entsteht aus der Tatsache, dass die offensichtlichsten Erklärungen vieler besorgniserregender Dinge uns nicht befriedigen, und das nicht selten, weil es uns wehtut, sie zu akzeptieren. Man denke nur an die Theorie des »Großen Alten« nach der Entführung von Aldo Moro: Wie ist es möglich, fragte man sich, dass Dreißigjährige eine so perfekte Aktion planen und durchführen konnten? Da muss doch ein erfahreneres Gehirn dahintergesteckt haben. Ohne zu bedenken, dass andere Dreißigjährige Firmen leiteten, Jumbojets flogen oder neue elektronische Dispositive erfanden. Das Problem war also nicht, wie Dreißigjährige es schaffen konnten, mitten in Rom den Premierminister zu entführen, sondern dass diese Dreißigjährigen Söhne derer waren, die vom Großen Alten fabulierten.

Die verdachtgeleitete Interpretation befreit uns in gewissem Sinne von unserer eigenen Verantwortlichkeit, denn sie lässt uns glauben, hinter dem, was uns beunruhigt, verberge sich ein Geheimnis, und das Verstecken dieses Geheimnisses sei ein Komplott zu unserem Schaden. An das Komplott zu glauben ist ein bisschen, wie an eine Wunderheilung zu glauben, nur dass man mit letzterer nicht eine Bedrohung, sondern einen unerklärlichen Glücksfall zu erklären versucht (wie Popper sagte: Immer sucht man den Grund in den Machenschaften der Götter).

Das Schöne ist, dass es im Alltagsleben nichts Transparenteres gibt als die Verschwörung und das Geheimnis. Eine Verschwörung bringt, wenn sie effizient ist, früher oder später ihre Ergebnisse ans Licht und wird offenkundig. Und dasselbe gilt für das Geheimnis, das nicht nur gewöhnlich durch eine Reihe von »Deep Throats« enthüllt wird, sondern gerade wenn es wichtig ist – sei es die Formel einer Wundersubstanz oder ein politisches Manöver –, früher oder später ans Licht kommt. Verschwörungen und Geheimnisse, die nicht ans

Licht kommen, waren entweder dilettantische Verschwörungen oder leere Geheimnisse. Die Kraft dessen, der behauptet, ein Geheimnis zu besitzen, besteht nicht darin, es zu verbergen, sondern uns glauben zu machen, dass es da ein Geheimnis gibt. In diesem Sinne können Geheimnis und Verschwörung wirksame Waffen gerade in den Händen dessen sein, der *nicht* an sie glaubt.

Georg Simmel schrieb in seinem berühmten Aufsatz über das Geheimnis: »Das Geheimnis gibt der Persönlichkeit eine Ausnahmestellung, es wirkt als ein sozial bestimmter Reiz, der von seinem jeweiligen Inhalt prinzipiell unabhängig ist, aber natürlich in dem Maße steigt, in dem das besessene Geheimnis bedeutsam und umfassend ist. [...] Der natürliche Idealisierungstrieb und die natürliche Furchtsamkeit des Menschen wirken dem Unbekannten gegenüber zu dem gleichen Ziele, es durch die Phantasie zu steigern und ihm einen Aufmerksamkeitston zuzuwenden, den die offenbare Wirklichkeit meistens nicht gewonnen hätte.«

Paradoxe Konsequenz: Hinter jeder falschen Verschwörung verbirgt sich vielleicht die Verschwörung von jemandem, der ein Interesse daran hat, sie uns als wahre Verschwörung zu präsentieren.

6. Februar 2007

Eine schöne Gesellschaft

Jedesmal, wenn ich in dieser Kolumne auf das Thema Komplott-Syndrom respektive Verschwörungstheorie zurückgekommen bin, habe ich Briefe von empörten Lesern erhalten, die mich daran erinnerten, dass es Verschwörungen wirklich gibt. Ja sicher, natürlich. Jeder Staatsstreich war bis heute zuerst eine Verschwörung, man konspiriert, um eine Firma zu übernehmen, indem man sich Stück für Stück ihre Aktien besorgt, oder um eine Bombe in der U-Bahn zu zünden. Verschwörungen hat es immer gegeben, einige sind gescheitert, ohne dass sie überhaupt jemand bemerkt hat, andere waren erfolgreich, aber generell ist es für sie bezeichnend, dass sie in ihren Zielen und ihrem Wirkungskreis immer begrenzt waren. Spricht man dagegen von Verschwörungstheorie, so meint man die Vorstellung eines weltweiten Komplotts (in manchen Theorien sogar mit kosmischer Dimension), nach der alle oder fast alle Ereignisse der Geschichte von einer einzigen, geheimnisvollen und im Dunkel agierenden Macht gelenkt werden.

Dies ist die Verschwörungstheorie, von der Karl Popper gesprochen hat, und es ist schade, dass fast niemand das vor drei Jahren erschienene Buch von Daniel Pipes, *Il lato oscuro della storia* [Die dunkle Seite der Geschichte] bemerkt hat, das im Original bereits 1997 unter dem deutlicheren Titel *Conspiracy* erschienen ist* (mit dem Untertitel »Wie der paranoische Stil

---

* Deutsch *Verschwörung. Faszination und Macht des Geheimen*, München 1998 (A. d. Ü.).

floriert und woher er kommt«). Das Buch beginnt mit einem Zitat von Metternich, der gesagt haben soll, als er vom Tod des russischen Botschafters in Wien hörte: »Was werden seine Beweggründe gewesen sein?«

Das ist es, das Komplott-Syndrom ersetzt die Geschehnisse und Zufälligkeiten der Geschichte durch einen Plan, einen offensichtlich bösartigen und stets verborgenen.

Ich bin luzide genug, manchmal den Verdacht zu hegen, dass ich mit der Anprangerung von Komplott-Syndromen vielleicht einen Beweis für Paranoia liefere, insofern ich ein Syndrom offenbare, das mich dazu bringt, überall Komplott-Syndrome zu wittern. Doch es genügt stets ein kurzer Blick ins Internet, um mich zu beruhigen. Die Verschwörer sind Legion und erreichen manchmal Gipfel feinsten ungewollten Humors. Vorgestern bin ich auf eine Website gestoßen, in der ein langer Text mit dem Titel *Le monde malade des jésuites* von Joël Labruyère präsentiert wird. Wie der Titel nahelegt, handelt es sich um eine umfangreiche Auflistung aller Ereignisse der Welt (nicht nur der zeitgenössischen), die auf die jesuitische Weltverschwörung zurückgehen.

Die Jesuiten des 19. Jahrhunderts, von Pater Barruel bis zur Gründung der Zeitschrift *Civiltà cattolica* und zu den Romanen von Pater Bresciani, gehörten zu den wichtigsten Inspiratoren der Theorie von der jüdisch-freimaurerischen Weltverschwörung, und es war nur gerecht, dass ihnen von seiten der Liberalen, der Mazzinianer, Freimaurer und Antiklerikalen mit gleicher Münze heimgezahlt wurde, nämlich mit der Theorie von der jesuitischen Weltverschwörung, die nicht nur durch einige Streitschriften und berühmte Bücher verbreitet wurde, von Pascals *Provinciales* bis zu Giobertis *Il Gesuita moderno* und zu den Schriften von Michelet und Quinet, sondern auch durch die populären Romane von Eugène Sue, *Der Ewige Jude* und *Die Geheimnisse des Volkes*.

Nichts Neues also, aber die Website von Labruyère treibt die Jesuiten-Obsession auf die Spitze. Ich fasse nur kurz zusammen, weil der Platz eines Streichholzbriefes nun einmal ist, was er ist, während die Phantasie Labruyères geradezu homerische Dimensionen hat. Also, die Jesuiten sind stets darauf aus gewesen, eine Weltregierung zu konstituieren, die sowohl den Papst als auch die verschiedenen europäischen Monarchien kontrolliert; durch den berüchtigten Illuminatenorden (den die Jesuiten selber gegründet hatten, um ihn dann als kommunistisch zu denunzieren) versuchten sie, jene Monarchen zu stürzen, die die Gesellschaft Jesu aus ihren Reichen verbannt hatten; es waren die Jesuiten, die den Untergang der *Titanic* verursacht hatten, weil es ihnen durch diesen Unfall möglich wurde, die Federal Reserve Bank zu gründen, vermittelt durch die von ihnen kontrollierten Malteserritter – und nicht zufällig sind beim Untergang der *Titanic* die drei reichsten Juden der damaligen Welt gestorben, Astor, Guggenheim und Strauss, die sich der Gründung jener Bank widersetzt hatten. Mithilfe der Federal Reserve Bank haben die Jesuiten dann die beiden Weltkriege finanziert, die eindeutig nur dem Vatikan Vorteile gebracht haben. Was den Mord an Kennedy angeht (und Oliver Stone ist klar von den Jesuiten manipuliert) – wenn wir nicht vergessen, dass auch die CIA als ein jesuitisches Programm entstanden ist, inspiriert von den geistlichen Exerzitien des Ignatius von Loyola, und dass Jesuiten sie durch den sowjetischen KGB kontrollierten, so verstehen wir, dass Kennedy von denselben Leuten ermordet worden ist, die schon die *Titanic* hatten untergehen lassen.

Natürlich sind auch sämtliche neonazistischen und antisemitischen Gruppierungen jesuitisch inspiriert, die Jesuiten
standen hinter Nixon und Clinton, es waren Jesuiten, die das
Massaker von Oklahoma City planten, von Jesuiten inspiriert
war Kardinal Spellman, der den Vietnamkrieg förderte, an
dem die jesuitische Federal Bank zweihundertzwanzig Millionen Dollar verdient hat. Natürlich darf in diesem Rahmen
auch nicht das Opus Dei fehlen, das die Jesuiten durch die
Malteserritter kontrollieren.

Viele weitere Komplotte muss ich übergehen. Aber jetzt
dürfte klar sein, warum die Leute so gerne Dan Brown lesen.
Vielleicht stecken auch dahinter die Jesuiten.

11. Januar 2008

Glaubt nicht an Koinzidenzen

Jemand hat geschrieben, die Feinde Berlusconis seien zwei gewesen (und geblieben), die Kommunisten und die Richter, und in den letzten Kommunalwahlen haben ein (Ex-)Kommunist und ein (Ex-)Richter gewonnen. Andere haben bemerkt, dass 1991, als Bettino Craxi* die Italiener aufforderte, lieber ans Meer zu fahren als an die Urnen zu gehen, das von ihm für »unnütz« erklärte Referendum zur Vereinfachung des Wahlsystems einen beachtlichen Erfolg hatte und damit Craxis politischer Niedergang begann. Man könnte so fortfahren: Berlusconi kam erstmals im März 1994 an die Macht, und im November traten der Po, der Tanaro und viele Nebenflüsse über die Ufer und überschwemmten die Provinzen Cuneo, Asti und Alessandria; Berlusconi kam im Mai 2008 erneut an die Macht, und ein Jahr später hatten wir das Erdbeben von L'Aquila.

Lauter schöne Koinzidenzen, aber sie besagen gar nichts (außer der Parallele Berlusconi-Craxi). Das Spiel der Koinzidenzen fasziniert seit langem zahllose Paranoiker und Verschwörungstheoretiker, aber mit Koinzidenzen, besonders bei Daten, kann man so gut wie alles machen.

Eine Orgie von Koinzidenzen war anlässlich des Anschlags auf die Twin Towers entdeckt worden, und vor ein paar Jahren konnte man in der Zeitschrift *Scienza e Paranormale* eine

---

* Damals Chef der Sozialistischen Partei PSI, zuvor 1983–87 Ministerpräsident einer Fünfparteienkoalition (A. d. Ü.).

86

Serie von numerologischen Spekulationen über den 11. September lesen. Um nur einige davon zu nennen: »New York City« hat elf Buchstaben, »Afghanistan« hat elf Buchstaben, »Ramsin Yusef«, der Name eines der Drahtzieher des Anschlags, hat elf Buchstaben, »George W. Bush« hat elf Buchstaben, die beiden Zwillingstürme bilden eine 11, New York ist der elfte Staat der USA, das erste Flugzeug, das an den Türmen zerschellte, hatte die Flugnummer 11, der Flug beförderte 92 Passagiere, und $9 + 2 = 11$, der Flug 77, der ebenfalls zerschellte, beförderte 65 Passagiere, und $6 + 5 = 11$, das Datum 9/11 ist gleich der amerikanischen Notrufnummer 911, deren Quersumme 11 ist. Die Gesamtzahl der Opfer in den drei zerschellten Flugzeugen war 254, deren Quersumme wieder 11 ist, der 11. September ist der 254. Tag des Jahres, also auch wieder Quersumme 11.

Dummerweise hat New York aber nur dann elf Buchstaben, wenn man »City« hinzufügt, Afghanistan hat zwar elf Buchstaben, aber die Terroristen kamen nicht von dort, sondern aus Saudi-Arabien, aus Ägypten, aus dem Libanon und aus den Arabischen Emiraten, Ramsin Yusef hat elf Buchstaben, aber wenn man den Namen »Yousef« oder »Yussef« transkribiert, funktioniert das Spiel nicht, George W. Bush hat nur dann elf Buchstaben, wenn man den *middle initial* hinzufügt, die Türme bilden eine 11, aber auch (und eher noch) eine römische II, der Flug 77 ist nicht an einem der Türme zerschellt, sondern im Pentagon, und er beförderte nicht 65 Passagiere, sondern 59, die Gesamtzahl der Opfer war nicht 254, sondern 265 und so weiter.

Noch mehr Koinzidenzen gefällig? Abraham Lincoln wurde 1846 in den Kongress gewählt und John F. Kennedy 1946, Lincoln wurde 1860 zum Präsidenten gewählt und Kennedy

1960. Beide verloren ihre Gattinnen und ein Kind, während sie im Weißen Haus residierten. Beide wurden an einem Freitag von einem Südstaatler in den Kopf geschossen. Lincolns Sekretär hieß Kennedy, und Kennedys Sekretärin hieß Lincoln. Lincolns Nachfolger war Andrew Johnson (geboren 1808), und Lyndon B. Johnson, der Nachfolger Kennedys, wurde 1908 geboren.

John Wilkes Booth, der Mörder Lincolns, wurde 1839 geboren und Lee Harvey Oswald 1939. Lincoln wurde im Ford's Theatre getroffen, und Kennedy in einem Wagen der Marke Ford Lincoln.

Lincoln wurde in einem Theater erschossen, und sein Mörder versteckte sich in einem Lagerhaus. Der Mörder Kennedys schoss aus einem Lagerhaus und versteckte sich in einem Theater. Sowohl Booth wie Oswald wurden erschossen, bevor es zu einem Prozess kam.[*]

Kirschlein auf der Torte (leicht anrüchig): Eine Woche vor seiner Ermordung war Lincoln in Monroe, Maryland gewesen. Eine Woche vor seiner Ermordung war Kennedy in Monroe, Marilyn gewesen.

24. Juni 2011

---

[*] Vgl. hierzu die Wikipedia-Seite »Lincoln-Kennedy-Rätsel« (A. d. Ü.).

Es gibt zwei große Brüder

Ende September gab es in Venedig einen internationalen Kongress über »Privacy«. In den Diskussionen wurde mehrmals die beliebte TV-Sendung »Big Brother« gestreift, aber der Datenschutzbeauftragte Stefano Rodotà versicherte gleich zu Beginn, dass diese Sendung an sich niemandes Privatsphäre verletze.

Es gibt keinen Zweifel, dass die genannte Sendung den voyeuristischen Blick des Fernsehzuschauers anstachelt, der sich daran ergötzt, wie einige Individuen, die in eine unnatürliche Situation versetzt worden sind, einander Herzlichkeit vortäuschen müssen, während sie sich de facto gegenseitig belauern. Aber die Menschen sind nun mal schlecht und haben es immer genossen zuzusehen, wie Christen von Löwen zerfleischt wurden oder wie Gladiatoren in die Arena traten, wohlwissend, dass ihr Überleben vom Tod des Gefährten abhing; sie haben dafür bezahlt, auf dem Jahrmarkt die Deformationen von Tonnenweibern zu sehen, im Zirkus die Demütigung von Zwergen, denen der dumme August in den Hintern tritt, oder auf dem Marktplatz die Hinrichtung eines Verurteilten. Verglichen damit ist »Big Brother« moralischer, und das nicht nur, weil darin niemand stirbt und die Teilnehmer nur eine gewisse psychische Störung riskieren – die nicht schlimmer ist als jene, die sie dazu gebracht hat, bei der Sendung mitzumachen. Es ist nur einfach so, dass die Christen lieber in den Katakomben geblieben wären, um zu beten, dass der Gladiator glücklicher gewesen wäre, wenn er die Rolle des

Petronius Arbiter hätte spielen dürfen, der Zwerg, wenn er die Physis eines Rambo gehabt hätte, das Tonnenweib, wenn es Brigitte Bardot gewesen wäre, und der Verurteilte, wenn man ihn begnadigt hätte. Die Mitwirkenden in »Big Brother« nehmen jedoch freiwillig teil und wären sogar bereit, für ihre Mitwirkung zu bezahlen, um zu bekommen, was ihnen der höchste Wert ist, nämlich die öffentliche Zurschaustellung und die daraus resultierende Bekanntheit.

Das Irreführende an »Big Brother« liegt woanders, nämlich genau im Titel, den sich jemand für dieses Spiel ausgedacht hat. Vielleicht wissen viele Zuschauer gar nicht, dass Big Brother eine Allegorie ist, die George Orwell in seinem Roman *1984* erfunden hatte: Der Große Bruder war ein Diktator (dessen Name an »Väterchen« Stalin erinnerte), der als einziger – oder mit einer sehr begrenzten Nomenklatura – in der Lage war, alle seine Untertanen ständig zu beobachten, Minute für Minute, wo immer sie sich befanden. Eine schaurige Situation, die an Benthams »Panopticon« erinnert, jenen idealen Gefängnisbau, in dem die Wärter die Gefangenen beobachten können, ohne dass diese wissen, ob und wann sie beobachtet werden.

Bei Orwells Big Brother beobachten sehr wenige alle. Bei der gleichnamigen Fernsehsendung ist es umgekehrt: Alle können sehr wenige beobachten. So dass wir uns daran gewöhnt haben, diesen Big Brother als etwas sehr Demokratisches und höchst Unterhaltsames anzusehen. Dabei vergessen wir jedoch, dass hinter unserem Rücken, während wir die Sendung betrachten, der wirkliche Große Bruder steht, der, mit dem sich die Kongresse über »Privacy« beschäftigen: Er besteht aus diversen Machtgruppen, die uns kontrollieren, wenn wir im Internet auf eine Website gehen, wenn wir mit einer Kreditkarte bezahlen, wenn wir etwas per Post bestellen, wenn uns in der Klinik eine Krankheit diagnostiziert wird und sogar, wenn wir in einem mit Videokamera überwachten Supermarkt umherspazieren. Man weiß, dass sich, wenn diese Praktiken nicht streng kontrolliert werden, hinter dem Rücken eines jeden von uns eine imposante Datenmenge anhäufen könnte, die uns vollkommen transparent machen würde und uns jede Intimität und Privatsphäre nähme.

Während wir die Sendung »Big Brother« im Fernsehen verfolgen, sind wir im Grunde wie ein Ehemann, der sich leicht verlegen einen unschuldigen Flirt in einer kleinen Bar erlaubt und nicht weiß, dass seine Frau ihm zur selben Zeit gerade sehr viel handfestere Hörner aufsetzt. Der Titel »Big Brother« hilft uns zu übersehen oder zu vergessen, dass sich im selben Moment gerade jemand hinter unserem Rücken feixend die Hände reibt.

12. Oktober 2000

»Intellektuell gesprochen«

Eines Abends letzte Woche, als ich zu einem Kongress in Jerusalem war, erzählte mir ein italienischer Journalist, in Italien habe eine Nachrichtenagentur gemeldet, ich hätte in der Pressekonferenz am Morgen gesagt, Berlusconi sei wie Hitler, und schon hätten angesehene Vertreter der Mehrheitspartei sich empört über diese meine »delirante« Erklärung geäußert, die ihrer Ansicht nach eine Beleidigung der gesamten jüdischen Gemeinde *(sic)* darstelle. Letztere war freilich gerade mit ganz anderen Dingen beschäftigt, denn am nächsten Morgen berichteten mehrere israelische Zeitungen ausführlich über jene Pressekonferenz (die *Jerusalem Post* widmete ihr sogar einen Eröffnungsartikel auf der ersten Seite und fast die ganze dritte Seite), aber von Hitler war nirgends die Rede, es ging immer nur um die Fragen, die auf dem Kongress diskutiert worden waren.

Kein vernünftiger Mensch, so kritisch er Berlusconi auch sehen mag, würde je daran denken, ihn mit Hitler zu vergleichen, schließlich hat Berlusconi nicht einen Weltkrieg mit fünfzig Millionen Toten entfesselt, nicht sechs Millionen Juden ermordet, nicht das Parlament abgeschafft, nicht Sondereinheiten von Braunhemden und SS gegründet und so weiter. Was also war an jenem Morgen passiert?

Viele Italiener machen sich noch nicht recht klar, wie sehr unser Premierminister im Ausland diskreditiert ist, so dass man, wenn man dort Fragen nach ihm beantworten soll, sich manchmal sogar schon bemüßigt fühlt, ihn zu verteidigen, um der Nationalehre willen. Ein impertinenter Fragesteller verlangte von mir, ich solle sagen, da Berlusconi, Mubarak und Gaddafi sich weigerten zurückzutreten, sei Berlusconi der italienische Gaddafi. Natürlich musste ich ihm erwidern, dass Gaddafi ein blutgieriger Tyrann ist, der auf seine Landsleute schießen lässt und durch einen Putsch an die Macht gekommen ist, während Berlusconi regulär von einer Mehrheit der Italiener gewählt worden ist (wobei ich »leider« hinzufügte). So gesehen könne man, sagte ich im Scherz, wenn man unbedingt Ähnlichkeiten finden wolle, Berlusconi in diesem Punkt auch mit Hitler vergleichen, da beide regulär gewählt worden sind. Kaum war diese unsinnige Hypothese *ad absurdum* geführt, kehrte man wieder zu ernsthaften Dingen zurück.

Als mir der italienische Kollege das mit der Agenturmeldung erzählt hatte, hatte er noch hinzugefügt: »Du weißt ja, der Journalist muss auch die verborgene Nachricht ans Licht bringen.« Ich bin nicht einverstanden, der Journalist muss die Nachricht bringen, wenn sie der Wahrheit entspricht, nicht sie erfinden. Aber dies ist auch ein Zeichen für die provinzielle Lage unseres Landes, in dem es nicht interessiert, wenn in Kalkutta über das Schicksal des Planeten diskutiert wird, sondern nur, wenn in Kalkutta jemand etwas für oder gegen Berlusconi gesagt hat.

Ein kurioser Aspekt der Sache war, wie ich dann bei der Rückkehr sah, dass in allen Zeitungen, die darüber berichteten, meine angeblichen Erklärungen in Anführungszeichen von der ursprünglichen Agenturmeldung übernommen worden waren, in der es auch hieß, ich hätte meinen kurzen Verweis auf Hitler als ein »intellektuelles Paradox« bezeichnet oder den Vergleich mit den Worten »intellektuell gesprochen« eingeführt. Nun könnte ich ja vielleicht im Zustand der Trunkenheit Berlusconi mit Hitler vergleichen, aber auch beim Höchststand meines Blutalkoholspiegels würde ich niemals so unsinnige Ausdrücke wie »intellektuelles Paradox« oder »intellektuell gesprochen« verwenden. Wogegen soll sich das intellektuelle Paradox abheben? Gegen das manuelle Paradox, das sinnliche, das rurale? Man kann nicht verlangen, dass alle die Terminologie der Rhetorik oder der Logik beherrschen, aber gewiss ist »intellektuelles Paradox« totaler Unsinn, und wer verlangt, dass andere etwas »intellektuell gesprochen« sagen, der redet dummes Zeug. Dies aber heißt, dass die in Anführungszeichen gesetzten Worte der Agenturmeldung nur durch eine grobe Verfälschung hineingekommen sein können.

Eine so offensichtlich haltlose Sache hat eine regelrechte Empörungskampagne ausgelöst, um wie üblich diejenigen zu diffamieren, die unseren Premierminister nicht mögen und auch sonst nicht im Mainstream schwimmen. Ohne dass irgendjemand wenigstens angemerkt hätte, dass man Berlusconi unmöglich mit Hitler vergleichen kann, weil Hitler bekanntlich monogam war.

4. März 2011

Befragte und Flegel

In einem älteren Streichholzbrief habe ich die schlechte Angewohnheit der Fernsehfilme beklagt, ein Paar im Bett zu zeigen, das vor dem Einschlafen (a) kopuliert, (b) sich streitet, (c) über Kopfweh klagt, (d) sich unwillig einer dahin, der andere dorthin dreht und einschläft. Niemals aber, ich wiederhole, niemals liest wenigstens einer der beiden ein Buch. Und dann beklagen wir uns, dass die Leute, die sich nach den Vorbildern im Fernsehen richten, niemals lesen.

Doch es gibt Schlimmeres. Was geschieht, wenn ein Kommissar oder ein Offizier der Carabinieri bei Ihnen zu Hause klingelt und anfängt, Ihnen Fragen zu stellen, oft gar nicht mal peinliche? Wenn Sie ein Gewohnheitsverbrecher sind, der nun enttarnt ist, ein polizeibekannter Mafioso oder ein neurotischer Serienkiller, dann reagieren Sie vielleicht mit Beleidigungen und höhnischem Lachen, oder Sie werfen sich zu Boden und simulieren einen epileptischen Anfall. Wenn Sie jedoch ein normaler unbescholtener Mensch sind, dann bitten Sie den Beamten herein und antworten wohlerzogen auf seine Fragen, vielleicht mit einem leichten Anflug von Sorge, aber Sie bleiben höflich vor ihm stehen. Sollten Sie ein klein bisschen schuldig sein, werden Sie noch mehr darauf achten, ihn nicht zu verärgern.

Was geschieht aber stattdessen in den TV-Krimiserien (die ich mir, das bekenne ich hier gleich, um nicht als aristokratischer Moralist zu erscheinen, immer mit Interesse anschaue, besonders die französischen und die deutschen, in denen –

außer in *Alarm für Cobra 11* – keine exzessiven Gewaltszenen und Tetranitratoxycarbon-Explosionen vorkommen)? Es geschieht immer (wohlgemerkt: immer), dass, wenn ein Polizist eintritt und Fragen zu stellen beginnt, der Betreffende weiter das tut, was er gerade getan hat, er schaut aus dem Fenster, brät weiter sein Spiegelei, räumt das Zimmer auf, putzt sich die Zähne, und es fehlt nicht viel, dass er pinkelt, er geht zum Tisch und schreibt Postkarten, er geht ans Telefon, kurz, er bewegt sich umher wie ein Eichhörnchen und gibt sein Bestes, um dem Fragenden den Rücken zuzudrehen, und nach einer Weile sagt er unwirsch, er müsse jetzt gehen, weil er (oder sie) noch zu tun habe.

Ja was, gehört sich das so? Warum versteifen sich die Regisseure von TV-Serien darauf, ihren Zuschauern einzutrichtern, dass Polizisten wie aufdringliche Staubsaugerverkäufer zu behandeln seien? Sie werden sagen, dass die so unhöflichen Befragten im Zuschauer immer mehr den Wunsch nach Rache wecken, so dass er am Ende den Sieg des gedemütigten Polizisten genießt, und das stimmt. Aber wenn dann unterentwickelte Zuschauer bei der ersten Gelegenheit einen Gefreiten der Carabinieri wie Dreck behandeln, weil sie meinen, das gehöre sich so? Macht sich der Einkäufer von TV-Serien vielleicht deswegen keine Sorgen darüber, weil uns heutzutage sehr viel wichtigere Personen als die von Siska befragten Kleinkriminellen gelehrt haben, dass man sich weigern kann, vor Gericht zu erscheinen?

Die Wahrheit ist, dass der Regisseur von TV-Serien bei Befragungen, die länger als ein paar Sekunden dauern, nicht die beiden Schauspieler einfach einander gegenüberstehen lassen kann, sondern die Szene irgendwie in Bewegung bringen muss. Und um sie in Bewegung zu bringen, lässt er den Befragten umherlaufen. Und warum kann der Regisseur es nicht ertragen und dem Zuschauer nicht zumuten, dass zwei Personen sich minutenlang gegenüberstehen, besonders wenn sie dabei über Fragen diskutieren, die von großem Interesse für den Fortgang der Handlung sind? Nun, weil der Regisseur dann mindestens Orson Welles sein müsste und die Schauspieler so gut sein müssten wie Anna Magnani, wie Emil Jannings in *Der blaue Engel* oder Jack Nicholson in *Shining*, Akteure, die Nah- und Großaufnahmen aushalten und ihren Gemütszustand mit einem Blick, einer Senkung des Mundwinkels ausdrücken können. Ingrid Bergman und Humphrey Bogart konnten in *Casablanca* minutenlang schweigen, ohne dass Michael Curtiz (der kein Eisenstein war) sich auch nur in eine amerikanische Einstellung retten musste. Doch wenn man gezwungen ist, pro Woche eine Folge zu drehen (und manchmal sogar zwei), dann kann der Produzent sich nicht mal einen wie Curtiz leisten, und was die Schauspieler angeht, so ist es schon viel, wenn sie, wie es in deutschen Krimis vorkommt, ihr Bestes dadurch geben, dass sie zwischen zwei Computerabfragen eine Currywurst essen.

13. September 2012

Unglücklich das Land,
das Helden braucht

Presse und Fernsehen haben mit Befriedigung die geglückte Rettungsaktion der *Norman Atlantic** gefeiert. Es hat Tote und Vermisste gegeben, aber im Ganzen ist die Hilfsaktion gut ausgegangen. Besonders ausführlich haben sich die Medien mit dem Fall des Kapitäns Argilio Giacomazzi befasst, der nach erfolgreicher Leitung der Hilfsmaßnahmen an Bord das Schiff als letzter verlassen hatte. Das war auch deshalb so eindrucksvoll, weil es drei Jahre vorher den Fall des »Kapitäns Feigling« der *Costa Concordia* gegeben hatte, doch in manchen Berichten tauchte da und dort sogar wieder der Begriff des *Helden* auf.

Die Emphase der Medien ist nicht zu bremsen, wenn sie, sobald jemand klar und deutlich versichert, dass er mit etwas nicht einverstanden ist, von ihm berichten, er habe *gedonnert*, als sei er ein Zeus im Olymp. Die Leute *sagen* nicht mehr etwas oder befinden sich nicht mehr *in Schwierigkeiten*, sondern sie *donnern* und *tönen* und sitzen *im Auge des Zyklons* (was übrigens sachlich falsch ist, denn im Auge des Zyklons herrscht vollkommene Ruhe, aber das Publikum muss emotional aufgeputscht werden).

Doch zurück zu Kapitän Giacomazzi. Ich weiß, dass ich mich etwas verspätet dazu äußere, denn es haben schon an-

---

* Italienisches Fährschiff, das am 28. Dezember 2014 auf dem Weg von Igoumenitsa nach Ancona Schiffbruch erlitt und durch eine aufwendige Rettungsaktion bei hohem Seegang evakuiert werden musste (A. d. Ü.).

dere darüber geschrieben, aber es lohnt sich, das Thema noch einmal aufzugreifen. Kapitän Giacomazzi ist sicher ein ehrenwerter Mann (auch wenn sich herausstellen sollte, dass er eine gewisse Mitschuld an dem Unglück hatte), und man wünscht sich, dass jeder Kapitän sich in Zukunft so verhält wie er. Aber er ist kein Held. Er ist ein Mann, der ehrlich und mutig seine Pflicht getan hat. Es gehört zu den beruflichen Grundregeln eines Kapitäns, dass er sein Schiff im Fall einer Havarie als letzter verlässt, und gewiss impliziert diese Pflicht auch eine Gefahr, genau wie es zu den beruflichen Grundregeln eines Fallschirmspringers gehört, dass er in einem Feuergefecht ums Leben kommen kann.

Wer ist ein Held? Folgt man der These von Carlyle, so ist ein Held jeder große Mann mit großem Charisma, der in der Geschichte eine Spur hinterlassen hat, also Shakespeare ebenso wie Napoleon, unabhängig davon, ob er womöglich (*absit iniuria*) ein großer Angsthase war. Bestritten und widerlegt worden ist diese These aber sowohl von Tolstoi als auch von den Historikern des materiellen Lebens, die ihr Augenmerk weniger auf die großen Männer und großen Ereignisse richteten als auf die ökonomischen und sozialen Strukturen oder die kollektiven Tendenzen. Hält man sich jedoch an die Wörterbücher und Enzyklopädien, so ergibt sich regelmäßig, dass ein Held derjenige ist, der eine außerordentliche Tat vollbringt, die nicht von ihm verlangt worden ist, wobei er sein Leben riskiert, um anderen nützlich zu sein. Ein Held war Salvo D'Acquisto:* Niemand hatte von ihm verlangt, die Verantwortung für die Taten anderer zu übernehmen und vor ein

---

*   Ein Unteroffizier der Carabinieri, der am 23. September 1943 in der Nähe von Rom sein Leben opferte, um 22 fälschlich beschuldigte Zivilisten vor der Erschießung durch die SS zu retten (A. d. Ü.).

Erschießungskommando zu treten, um die Einwohner seines Dorfes zu retten; doch er hat es jenseits aller Pflicht getan und ist dabei gestorben. Um Held zu sein, braucht man auch nicht Soldat oder Heerführer zu sein: Held ist auch, wer unter Lebensgefahr ein ertrinkendes Kind rettet oder den Kumpel im Bergwerksschacht, oder wer auf einen ruhigen Trott als Klinikarzt verzichtet und sein Leben in Afrika unter Ebolakranken riskiert. Angeblich hat übrigens Giacomazzi selber in einem Interview nach seiner Rückkehr gesagt: »Helden nützen gar nichts, das Gedenken gilt nur denen, die nicht mehr da sind.« Eine kluge Art, sich den Heiligsprechungen der Medien zu entziehen.

Warum spricht man bei einer zweifellos mutigen und besonnenen Person, die ihre Pflicht erfüllt, von einem Helden? Bertolt Brecht hat (in *Leben des Galilei*) daran erinnert, dass ein Land unglücklich ist, wenn es Helden braucht. Warum ist es unglücklich? Weil es ihm an normalen Personen fehlt, die tun, wozu sie sich verpflichtet haben, auf ehrliche Weise, ohne sich durch Raub zu bereichern oder vor der eigenen Verantwortung zu fliehen, und die es (wie man heute so gern sagt) »professionell« tun. Wenn es an normalen Bürgern fehlt, sucht ein Land verzweifelt nach einer heroischen Persönlichkeit und verteilt Goldmedaillen nach rechts und links.

Unglücklich ist also ein Land, in dem man, weil niemand mehr weiß, was seine Pflicht ist, verzweifelt nach einem Führer sucht, dem man Charisma zuerkennen kann und der befiehlt, was zu tun ist. Was, wenn ich mich recht erinnere, eine Idee von Hitler in *Mein Kampf* war.

9. Januar 2015

Die Zeit und die Geschichte

Wenn man kein Trash-TV mag, muss man den Abend nicht mit Rommé-Spielen verbringen. Man kann auch *RAI Storia* sehen, das beste Programm unseres öffentlich-rechtlichen Fernsehens, das besonders für Jugendliche zu empfehlen ist, damit sie nicht vergessen, was wir einmal gewesen sind. Die Sendung, die ich fast jeden Abend verfolge, ist *Il Tempo e la Storia*. Wenn man den Vorspann noch kürzen würde, wäre sie noch besser (zwischen dem Anfang des Vorspanns und dem richtigen Anfang bleibt genug Zeit, um rasch noch mal auszutreten), aber sie ist auch so durchaus lohnend.

Vor ein paar Tagen ging es um die Erziehung der Kinder und Jugendlichen, wie das faschistische Regime sie organisierte (mit den Ballila, den Söhnen der Wölfin, der Faschistischen Jugend, den Liktorenbündeln, den Schultexten). An einem bestimmten Punkt erhob sich die Frage: Hat diese totalitäre Erziehung einer ganzen Generation den Charakter der Italiener in der Tiefe geprägt? Man konnte nicht umhin, an eine Bemerkung von Pasolini zu erinnern, der einmal gesagt hat, der italienische Nationalcharakter sei mehr vom Neokapitalismus seit der Nachkriegszeit als von der Diktatur in den Jahren davor geprägt. In der Sendung folgte hier ein Gespräch zwischen dem Moderator und einer Historikerin, aber sie sprachen mehr über den Einfluss des Faschismus als über den des Neokapitalismus.

Gewiss ist (abgesehen von den neofaschistischen Extremisten) etwas vom faschistischen Erbe in unserem Nationalcharakter geblieben und taucht ab und zu wieder auf – zum Beispiel der Rassismus, die Homophobie, der schrille Machismus, der Antikommunismus und die Präferenz für die Rechte –, aber genaugenommen gab es diese Haltungen auch schon im präfaschistischen Italien. Ich glaube jedoch, dass Pasolini recht hatte: Der italienische Nationalcharakter ist im Grunde viel mehr von der Konsumideologie, von den Träumen des Freihandels und vom Fernsehen beeinflusst worden – und dazu braucht man gar nicht Berlusconi zu bemühen, der allenfalls ein Sohn und nicht der Vater dieser Ideologie war, aufgewachsen mit dem Chewing-gum der Befreier, dem Marshallplan und dem Wirtschaftsboom der fünfziger Jahre.

Was verlangte (und erzwang) der Faschismus von den Italienern? Ihm zu glauben, zu gehorchen und mit ihm zu kämpfen, den Kult des Krieges, ja das Ideal eines schönen Todes zu praktizieren, in die Feuerringe zu springen, so viele Kinder wie möglich zu zeugen, die Politik als oberstes Ziel des Daseins zu betrachten und die Italiener für das auserwählte Volk zu halten. Sind diese Züge im italienischen Volkscharakter hängengeblieben? Nicht im Traum. Dagegen finden sie sich kurioserweise im islamischen Fundamentalismus, wie Hamed Abdel-Samad vorige Woche im *Espresso* bemerkte. Da gibt es den fanatischen Traditionskult, die Verklärung des Helden und das »Es lebe der Tod«, die Unterwerfung der Frau, das Gefühl des permanenten Krieges und das Ideal des Buches und des Gewehrs. All diese Vorstellungen haben sich die Italiener nur sehr wenig zu eigen gemacht (abgesehen von den Terroristen der Rechten und Linken, aber auch die neigen mehr dazu, andere zu töten, als sich kamikazeartig zu opfern), und Beweis dafür ist die Art, wie hier der Zweite Weltkrieg verlaufen ist: Zur freiwilligen Begegnung mit dem Tod kam es paradoxerweise nur in einem einzigen, tragisch-finalen Moment, nämlich bei den letzten Gefechten zwischen Salò-Faschisten und Partisanen. Eine Minderheit.

Was hat dagegen der Neokapitalismus in seinen diversen Erscheinungsformen bis hin zum Berlusconismus vorgeschlagen? Wie besessen einzukaufen, notfalls auf Raten: Autos, Kühlschränke, Waschmaschinen, Fernseher. Steuerhinterziehung als Kavaliersdelikt zu betrachten. Die Abende vor der Glotze mit Unterhaltungssendungen zu verbringen, bis hin zur Betrachtung halbnackter Tänzerinnen (und schließlich auch allzeit anklickbarer Hardcore-Pornos). Sich nicht zu sehr um Politik zu kümmern, also immer seltener wählen zu gehen (im Grunde das amerikanische Modell). Die Kinderzahl zu begrenzen, um wirtschaftliche Probleme zu vermeiden. Kurzum, sich das Leben so leicht wie möglich zu machen, indem man zu große Opfer vermeidet. Die Mehrheit der Italiener hat sich diesem Modell mit Begeisterung angepasst. Und diejenigen, die sich aufopfern, um den Ärmsten und Verzweifelten in der Dritten Welt zu helfen, bleiben eine sehr kleine Minderheit. Leute, die – wie viele sagen – auf die Suche nach sich selbst gegangen sind, anstatt zu Hause vor der Glotze zu bleiben.

27. Januar 2015

IV

Verschiedene Formen
von Rassismus

Wer hat das Verschleiern befohlen?

Über den Schleier ist schon alles und das Gegenteil von allem gesagt worden. Die Position von Romano Prodi kommt mir sehr vernünftig vor: Versteht man unter Schleier jene Art von Kopftuch, bei der das Gesicht unbedeckt bleibt, dann mag ihn tragen, wer will (zumal er, wenn hier ein unbefangen ästhetisches Urteil erlaubt ist, das Gesicht veredelt und alle Frauen wie Madonnen von Antonello da Messina aussehen lässt). Anders liegt der Fall, wenn die Verschleierung so weit geht, dass sie die Identifizierung verhindert, denn das ist gesetzlich verboten. Natürlich könnte dieses Verbot Anlass zu weiteren Diskussionen geben, denn eigentlich müsste man dann auch die Karnevalsmasken verbieten (und wer sich an Kubricks *Clockwork Orange* erinnert, weiß, dass man mit einer lustigen Maske grässliche Verbrechen begehen kann). Aber sagen wir ruhig, das sind marginale Probleme.

Wenn von Zeichen die Rede ist, wann immer etwas in einer gewissen Hinsicht oder Funktion anstelle von etwas anderem steht, dann ist der islamische Schleier ein semiotisches Phänomen – wie die Uniformen, deren primäre Funktion ja auch nicht der Schutz des Körpers vor Wetterunbilden ist, oder die Kopfbedeckungen der Nonnen (die ebenfalls oft sehr anmutig sind). Deswegen löst der Schleier so viele Diskussionen aus, während wir niemals über die Tücher diskutiert haben, die sich unsere Bäuerinnen früher um den Kopf banden, denn die hatten keinerlei symbolischen Wert.

Der Schleier wird kritisiert, weil man meint, dass er getragen wird, um eine Identität zu bezeugen. Aber es ist nicht verboten, eine Identität oder Zugehörigkeit zu bekunden, und man tut das, indem man ein Parteiabzeichen trägt, eine Kapuzinerkutte oder ein pinkfarbenes Langhemd und einen Kahlschädel. Interessant ist allenfalls die Frage, ob muslimische Frauen den Schleier tragen müssen, weil der Koran es befiehlt. Gerade ist das Buch *Islam* von Gabriele Mandel Khân erschienen, dem Generalvikar für Italien der sufischen Bruderschaft Jerrahi Halveti, das mir eine optimale Einführung in die Geschichte, Theologie, Sitten und Gebräuche der islamischen Welt zu sein scheint. Darin steht, dass der Schleier, der Gesicht und Haare bedeckt, schon in vorislamischer Zeit üblich gewesen sei, oft aus klimatischen Gründen, aber nicht in der immer dafür zitierten Sure 24 des Koran vorgeschrieben werde, die lediglich dazu auffordere, den Busen zu bedecken.

Da ich fürchtete, dass Mandels Übersetzung vielleicht ein bisschen zu modernistisch-gemäßigt ausgefallen sein könnte, habe ich im Internet nach einer offiziell von islamischen Behörden autorisierten Koran-Übersetzung gesucht und die der Union Islamischer Gemeinden und Organisationen in Italien gefunden. Dort heißt es in Sure 24, 31:[*] »Und sprich zu den gläubigen Frauen, dass sie ihre Blicke zu Boden schlagen und ihre Keuschheit wahren und ihre Reize nicht zur Schau tragen sollen, bis auf das, was davon außen sichtbar sein muss, und dass sie ihre Tücher über ihren Busen ziehen sollen und ihre Reize vor niemandem enthüllen als vor ihren Gatten oder ihren Vätern oder den Vätern ihrer Gatten oder ihren Söhnen oder den Söhnen ihrer Gatten oder ihren Brüdern oder den

---

[*] Die deutsche Übersetzung folgt der von Hazrat Mirza Masroor Ahmad, dem Imam und Oberhaupt der Ahmadiyya Muslim Jamaat in der Bundesrepublik Deutschland, autorisierten Fassung (A. d. Ü.).

Söhnen ihrer Brüder oder den Söhnen ihrer Schwestern« und so weiter bis zu »den Kindern, die von der Blöße der Frauen nichts wissen«. Um sicherzugehen, habe ich schließlich noch die klassische Koran-Übersetzung des großen Iranisten Alessandro Bausani konsultiert, und auch dort fand ich, mit geringen lexikalischen Abweichungen, die Vorschrift »und sollen ihre Busen mit einem Schleier bedecken«.

Für einen wie mich, der kein Arabisch kann, sind drei Zeugnisse so verschiedener Herkunft genug. Der Koran fordert schlicht und einfach zur Schamhaftigkeit auf, und wäre er heute im Westen geschrieben worden, würde er auch dazu auffordern, den Nabel zu bedecken, denn im Westen wird heute auch der Bauchtanz auf offener Straße praktiziert.

Wer also war es, der die Frauen aufgefordert hat, sich zu verschleiern? Mandel enthüllt mit einer gewissen Genugtuung, dass es der Apostel Paulus war (im 1. Korintherbrief), aber Paulus begrenzte diese Pflicht auf Frauen, die predigen und prophezeien. Doch siehe da, immer noch lange vor dem Koran schrieb Tertullian (der zwar ein Sympathisant der Montanistenbewegung, aber trotzdem weiter ein Christ war) in seiner Schrift *De cultu feminarum* (»Vom Putz der Frauen«): »Ihr sollt einzig und allein euren Ehemännern gefallen. Und ihr werdet ihnen umso mehr gefallen, je weniger ihr euch bemüht, anderen zu gefallen. Seid unbesorgt, ihr Gebenedeiten, keine Ehefrau gilt in den Augen ihres Mannes als häßlich. […] Jeder Ehemann hält auf Sittsamkeit, aber Schönheit verlangt er nicht, wenn er ein christlicher Ehemann ist. […] Dies sage ich nicht, um euch ein gänzlich wildes und tierisches Aussehen zu empfehlen, auch will ich euch nicht von der Nützlichkeit des Schmutzes und der Unsauberkeit überzeugen, sondern nur von der richtigen Art und Weise, in der ihr euren Körper pflegen sollt. [...] Denn Gott ist es, gegen den diejenigen sündigen, die sich ihre Haut mit Salben einreiben, ihre Wangen mit Schminke entstellen und ihre Augenbrauen durch Schwärze verlängern. [...] Gott will, dass ihr verschleiert sein sollt, vermutlich damit man die Köpfe mancher Damen nicht sieht.«

Voilà, dies ist der Grund, warum in der ganzen Geschichte der Malerei sowohl die Madonna als auch die frommen Frauen verschleiert sind wie ebenso viele Musliminnen.

16. November 2006

Die Widersprüche der Antisemiten

Daniel Barenboim hat eine große Anzahl Intellektueller in aller Welt gebeten, einen Appell gegen die Tragödie, die sich in Palästina abspielt, zu unterzeichnen. Der Appell ist auf den ersten Blick fast eine Selbstverständlichkeit, denn er verlangt im Grunde nur, dass man sich mit aller Kraft für eine energische Vermittlung einsetzt. Aber es ist bezeichnend, dass er von einem großen israelischen Künstler ausgeht – ein Zeichen dafür, dass die luzidesten und nachdenklichsten Köpfe Israels mittlerweile dafür eintreten, nicht mehr zu fragen, auf welcher Seite das Recht oder Unrecht ist, sondern für ein friedliches Zusammenleben zweier Völker plädieren. Wenn das so ist, könnte man politische Protestdemonstrationen gegen die israelische Regierung verstehen – würden diese nicht in aller Regel als antisemitisch gelten. Wenn nicht die Teilnehmer selbst sich explizit zum Antisemitismus bekennen, dann sind es heute die Zeitungen, die von »antisemitischen Demonstrationen in Amsterdam« oder anderswo sprechen, als wäre das die selbstverständlichste Sache der Welt. Dies scheint heute so normal zu sein, dass es unnormal scheint, es unnormal zu finden. Aber fragen wir uns doch einmal, ob wir eine politische Demonstration gegen die Regierung Merkel »antiarisch« nennen würden oder eine gegen die Regierung Berlusconi »antilateinisch«.

Der Platz eines Streichholzbriefes wird nicht reichen, um das jahrtausendealte Problem des Antisemitismus, sein sozusagen jahreszeitliches Wiederaufleben und seine verschiedenen Wurzeln zu behandeln. Eine Haltung, die zweitausend Jahre überlebt, hat etwas von religiösem Glauben, von fundamentalistischem Credo, man könnte sie als eine der vielen Formen von Fanatismus bezeichnen, die unseren Planeten im Laufe der Jahrhunderte verpestet haben. Wenn so viele an die Existenz des Teufels glauben, der Komplotte schmiedet, um uns ins Verderben zu stürzen, warum sollte man dann nicht auch an die jüdische Weltverschwörung glauben?

Ich möchte jedoch hier einmal den Blick auf die Tatsache lenken, dass der Antisemitismus, wie alle irrationalen und blindgläubigen Haltungen, von Widersprüchen lebt, die er zwar nicht bemerkt, aber ungeniert nutzt. So zirkulierten bei den Klassikern des Antisemitismus im 19. Jahrhundert zwei Gemeinplätze, die beide je nach Lage benutzt wurden: zum einen, dass der Jude wegen seines Lebens in engen und düsteren Orten anfälliger als die Christen für Infektionen und Krankheiten sei (und somit gefährlich), zum anderen, dass er aus mysteriösen Gründen resistenter gegen Pestilenzen und andere Epidemien sei, dazu überaus sinnlich und erschreckend fruchtbar, also ein gefährlicher Unterwanderer der christlichen Welt.

Es gab noch einen weiteren Gemeinplatz, der ausführlich sowohl von der Rechten wie der Linken behandelt wurde, und hier nenne ich als beispielhaft sowohl einen Klassiker des sozialistischen Antisemitismus (Toussenel, *Les Juifs, rois de l'époque*, 1847) als auch einen des katholischen Antisemitismus (Gougenot des Mousseaux, *Le Juif, le judaïsme et la judaïsation des peuples chrétiens*, 1869). Beide argumentierten wie folgt: Die Juden haben nie Landwirtschaft betrieben, sind also vom produktiven Leben des Staates, in dem sie Aufnahme fanden, immer abgeschnitten geblieben; zum Ausgleich haben sie sich voll und ganz auf das Bankwesen verlegt, also auf den Besitz von Geld und Gold, denn da sie von Natur aus Nomaden waren und daher jederzeit bereit, ihren messianischen Hoffnungen folgend den Staat, der sie beherbergte, auch wieder zu verlassen, war es ihnen wichtig, ihren ganzen Reichtum leicht mitnehmen zu können. Andere antisemitische Texte der Epoche, zum Beispiel die berüchtigten *Protokolle der Weisen von Zion*, bezichtigten sie jedoch, Anschläge auf den Großgrundbesitz zu planen, um sich in den Besitz von Land zu bringen.

Wir sagten schon, dass der Antisemitismus keine Angst vor Widersprüchen hat. Aber es ist eine Tatsache, dass ein herausragendes Merkmal der israelischen Juden darin besteht, ihr Land in Palästina mit modernsten Methoden kultiviert und Modellhöfe errichtet zu haben, und wenn sie kämpfen, dann genau um ein Territorium zu verteidigen, auf dem sie dauerhaft leben. Und gerade dies ist es, was unter anderem der arabische Antisemitismus ihnen vorwirft, wobei er so weit geht, dass er sich als wichtigstes Ziel setzt, den Staat Israel zu vernichten.

Kurzum, den Antisemiten nervt es, wenn der Jude sich zeitweilig in seinem Hause aufhält, aber es nervt ihn auch, wenn der Jude dauerhaft in seinem eigenen Hause bleibt. Natürlich weiß ich, welcher Einwand jetzt erhoben wird: Wo Israel liegt, war früher palästinensisches Gebiet. Aber dieses Gebiet ist nicht mit Gewalt und durch Ausrottung der autochthonen Bevölkerung erobert worden, wie Nordamerika, oder gar durch Zerstörung einiger Staaten mit legitimer Monarchie, wie Südamerika, sondern im Zuge langsamer Migrationen und Niederlassungen, denen sich niemand entgegenstellte.

Jedenfalls – wenn der Jude nervt, der einen jedesmal, wenn man die Politik Israels kritisiert, als antisemitisch bezichtigt –, ein sehr viel beunruhigenderes Gefühl rufen diejenigen hervor, die jede Kritik an der israelischen Politik sofort in Begriffe des Antisemitismus übersetzen.

23. Januar 2009

Unbekannte Ehefrauen und -männer

Die italienische »Enzyklopädie der Frauen« *(www.enciclope-diadelledonne.it)* listet eine große Anzahl von Frauen auf, von Caterina da Siena bis Tina Pica, von denen sehr viele zu Unrecht vergessen sind, und bereits 1690 berichtet Gilles Ménage in seiner *Geschichte der Philosophinnen* von Diotima der sokratischen, Arete der kyrenaikischen, Nikarete der Megarikerin, Hipparchia der Kynikerin, Theodora der Peripatetikerin, Leontia der Epikuräerin und Themistokleia der Pythagoräerin, von denen wir wenig wissen. Zu Recht sind viele von ihnen heute aus dem Dunkel der Vergessenheit ans Licht geholt worden.[*]

Was fehlt, ist eine Enzyklopädie der Ehefrauen. Es heißt, dass hinter jedem großen Mann eine große Frau stehe, angefangen von Justinian und Theodora bis, wenn man so will, zu Barack und Michelle Obama (seltsamerweise ist das Gegenteil nicht der Fall, siehe die beiden Königinnen Elisabeth von England), doch von den Ehefrauen spricht man gewöhnlich nicht. Seit der klassischen Antike zählen die Geliebten mehr als die Gattinnen. Clara Schumann oder Alma Mahler haben durch ihre außer- oder nachehelichen Geschichten Aufsehen erregt. Im Grunde ist Xanthippe die einzige Ehefrau, die immer als solche zitiert wird – um sie dann schlechtzumachen.

Mir ist ein Text von Pitigrilli in die Hände gefallen, der seine Geschichten gern mit gelehrten Zitaten würzte, wobei er oft die Namen falsch schrieb (zum Beispiel Yung statt Jung, regel-

---

[*] Siehe z. B. www.sophie-lexikonderphilosophinnen.de (A. d. Ü.).

mäßig) und noch öfter die Anekdoten, die er sich aus irgendwelchen Periodika zusammensuchte. In diesem Text erinnert er an die Ermahnung des Apostels Paulus: *melius nubere quam uri*, »besser heiraten als sich in Begierde verzehren« (ein guter Rat für die pädophilen Priester), doch er bemerkt dazu, dass die Mehrheit der Großen, wie Platon, Lukrez, Vergil, Horaz und andere, Junggesellen gewesen seien. Aber das stimmt nicht, jedenfalls nicht ganz.

Bei Platon stimmt es, von Diogenes Laertius wissen wir, dass er nur Epigramme für sehr hübsche Jungen schrieb, obwohl unter seinen Schülern auch zwei Frauen waren, Lasthenia und Axiotheia, und er lehrte, der tugendhafte Mann solle sich eine Gattin nehmen. Offensichtlich lastete die misslungene Ehe des Sokrates auf ihm. Doch Aristoteles hatte erst Pythias geheiratet und nach ihrem Tod mit Herpyllis zusammengelebt, wobei nicht ganz klar ist, ob sie ihm Gattin oder Konkubine war, doch er lebte mit ihr *more uxorio* und erwähnte sie liebevoll in seinem Testament – immerhin hatte sie ihm ja auch den Sohn Nikomachos geboren, nach dem er dann eine seiner Ethiken nannte.

Horaz hatte nie eine Gattin noch Kinder, aber nach dem, was er schrieb, darf man annehmen, dass er sich schon ein paar Eskapaden erlaubte. Vergil scheint so schüchtern gewesen zu sein, dass er nicht wagte, sich zu erklären, aber es hieß, er habe ein Verhältnis mit der Frau seines Dichterkollegen Varius Rufus gehabt. Ovid jedoch war dreimal verheiratet. Von Lukrez berichten die antiken Quellen so gut wie nichts, eine Andeutung des hl. Hieronymus lässt denken, er habe Suizid begangen, weil ihn ein Liebestrank in den Wahnsinn getrieben habe (doch dem Kirchenvater lag daran, einen gefährlichen Atheisten für verrückt zu erklären), und daraus hat dann die

mittelalterliche und humanistische Überlieferung eine mys-
teriöse Lucilia gestrickt, ob als Lukrez' Gattin oder Geliebte,
als Magierin oder verliebte Frau, die den Liebestrank von einer Magierin erbeten hatte; es hieß auch, dass Lukrez sich den
Trank selber verabreicht habe, aber jedenfalls macht die Lucilia keine gute Figur. Es sei denn, der Humanist Pomponius
Laetus hatte recht, demzufolge sich Lukrez umgebracht hat,
weil er unglücklich in einen gewissen Asteriscus *(sic)* verliebt
war.

Weiter voran in den Jahrhunderten, hat Dante bekanntlich andauernd von Beatrice geträumt, aber er war mit Gemma Donati verheiratet, auch wenn er das nirgends erwähnt.
Von Descartes denken alle, er sei Junggeselle gewesen (weil er
nach einem sehr bewegten Leben so früh gestorben ist), doch
er hatte eine Tochter namens Francine (die nur fünf Jahre alt
wurde) von einer holländischen Magd, Helena Jans van der
Strom, die er in Amsterdam kennengelernt hatte und mit der
er einige Jahre lang zusammenlebte, auch wenn er sie nur als
Haushaltshilfe anerkannte. Doch anders als einige Verleum-
der behaupten, hat er seine Tochter anerkannt – und anderen
Quellen zufolge hatte er auch noch andere Affären.

Kurzum, nimmt man die Kleriker als Zölibatäre und die
mehr oder minder offen erklärten Homosexuellen wie Cyrano
de Bergerac (pardon, dass ich den Anhängern von Rostand
eine so grässliche Nachricht überbringe) oder Wittgenstein
aus, so weiß man von einem Großen, der Junggeselle geblieben ist, mit Sicherheit nur bei Kant. Sogar Hegel war verheiratet, man hätte es nicht gedacht, ja er scheint auch ein Weiber-
held gewesen zu sein, mit einem unehelichen Sohn und gutem
Appetit. Von Marx nicht zu reden, der aufs Legalste mit seiner
Frau Jenny von Westphalen verheiratet war.

Bleibt ein Problem: Welchen Einfluss hatten Gemma auf Dante und Helena auf Descartes, um nicht von den zahllosen anderen Gattinnen zu reden, über die die Geschichte schweigt? Und was, wenn sämtliche Werke des Aristoteles in Wahrheit von seiner Herpyllis stammten? Wir werden es nie erfahren. Die Geschichte, von Ehemännern geschrieben, hat die Ehefrauen zur Anonymität verdammt.

20. August 2010

Onkel Toms Wiederkehr

Der Leser, der an einem grauen Morgen dieses verregneten Wonnemonats in einem Zugabteil dieses Buch fände, einen Roman (ist es einer?) von Furio Colombo, aber ohne Schutzumschlag und ohne die ersten Seiten, würde sich fragen, warum der Autor es sich in den Kopf gesetzt hat, Dickens zu imitieren, mit abgemagerten Kindern, die brutale körperliche Strafen erleiden, warum er die Geschichten von den »armen Negern« in *Onkel Toms Hütte* abgekupfert hat oder, schlimmer noch, sich damit begnügt, uns die Geschichten des amerikanischen Südens, wo die »Nigger« aus den öffentlichen Verkehrsmitteln geworfen wurden, als aktuell zu servieren. Was soll das, wir leben zum Glück in anderen Zeiten!

Derselbe Leser würde jedoch überrascht sein, wenn er dann das komplette Buch mit Umschlag und Vorwort wiederfände und sähe, dass es den Titel *Contro la Lega*[*] trägt (Laterza, für bloße neun Euro, mit so vielen Horrorgeschichten, dass es Stephen King erblassen lässt), und es enthält keine erfundenen Geschichten, sondern einen detaillierten Bericht der rassistischen Vorfälle und Verfolgungen in verschiedenen Kommunen der von der Lega »Padana« genannten Poebene, die von besagter Partei regiert werden. Es sind Vorfälle, die Colombo in seiner Eigenschaft als Abgeordneter oftmals im Parlament anzuklagen versucht hat, worauf er einmal als

[*] »Gegen die Lega«, d.h. die rechtspopulistisch-separatistische Partei Lega Nord (A. d. Ü.).

wohlbedachtes Gegenargument von dem Lega-Angehörigen Brigandì zu hören bekam: »Du Arschgesicht!«

In diesem bedauerlicherweise Nicht-Roman erzählt Colombo »eine italienische Geschichte, in der Carabinieri und Stadtpolizisten mit Baggern Nomadenlager niederwalzen, zwischen zwei und drei Uhr nachts, unter dem Geschrei von Kindern«, und in der Sinti-Kinder, auch wenn sie italienische Staatsbürger sind, in separate Schulklassen gesteckt werden und – wie die ausländischen Kinder – mittags nicht an der Schulspeisung teilnehmen dürfen. Das Buch beginnt mit der Geschichte der Familie Karis: Der Vater, ein italienischer Staatsbürger wie seine Eltern und Großeltern, lebte als Alteisenhändler in Chiari, Provinz Brescia, und eine unbedachte Mitte-Links-Administration hatte ihm eine Dreizimmerfertigbauwohnung zugewiesen. Doch die 2004 an die Regierung gekommene »padanische« Administration (mit als Bürgermeister Senator Mazzatorta) holte sich das Gelände zurück, weil »der Regulierungsplan sich geändert« habe, das Haus der Familie Karis wurde abgerissen, die Kommune strich sie aus dem Einwohnermelderegister, die Kinder konnten nicht mehr zur Schule gehen, und die ganze Familie war gezwungen, in einem Wohnwagen zu leben – so dass angesichts dieses inakzeptablen Falls von Nomadentum die Stadtpolizei nachts mit Eisenstangen auf das Vehikel einschlug, wenn der Vater sich zum Schlafen hineinbegeben hatte.

Aber das Buch berichtet über alle Arten von *extracomunitari*, wie Menschen aus Ländern außerhalb des EU-Raums bei uns genannt werden. In Termoli verhaften Polizisten einen ambulanten Händler aus Bangladesch, verprügeln ihn und schließen ihn in den Kofferraum ihres Streifenwagens ein. In Parma ergreifen Polizisten in Zivil einen jungen Schwarzen, der auf dem Weg zur Abendschule ist, und schlagen auf ihn ein, und erst später stellt sich heraus, dass er keineswegs ein Drogendealer war, wie sie gemeint hatten. In einem Bus in Varese verlangt ein Vierzehnjähriger von einer Gleichaltrigen mit Kopftuch, ihm ihren Sitzplatz zu überlassen, das Mädchen weigert sich, worauf er und seine Gefährten es mit Fußtritten und Fäusten traktieren. In einem Bus in Bergamo schreit eine Passagierin, man habe ihr das Handy gestohlen, der Kontrolleur beschließt, dass der Dieb nur ein dunkelhäutiger Junge sein kann, der Bus wird angehalten, der Junge nackt ausgezogen, das Handy nicht bei ihm gefunden (offensichtlich war der Dieb ein anderer), dafür aber findet man siebzig Euro bei ihm, die der Kontrolleur beschlagnahmt, und die Dame kassiert sie dankbar als Entschädigung.

Wir sind erst auf Seite 11 dieses Nicht-Romans, und die folgenden Kapitel reichen von Quälereien, die Flüchtlinge in Libyen erlitten, nachdem italienische Militärs sie auf dem Meer gestoppt und zu Gaddafis Schergen zurückgeschickt hatten, bis zur Beschimpfung des Kolumnisten Gad Lerner[*] als »Langnase«, in einem Crescendo vergnüglicher und romanhafter Grässlichkeiten.

Es ist schon kurios, dass die Italiener sich wegen vier Diamanten und zwei oder drei bezahlten Diplomen aufregen (ist die Entscheidung, sich in Albanien diplomieren zu lassen, etwa kein Zeichen für geringen Rassismus?), während sie es seit Jahren hinnehmen, dass all die Dinge geschehen, die dieses Buch so trocken berichtet.

10. Mai 2012

[*] Bekannter Autor und führender Journalist in diversen Zeitungen und TV-Sendern; die Beschimpfung zielt auf seine jüdische Herkunft (A. d. Ü.).

Von *Maus* bis Charlie

Mein Freund Art Spiegelman ist für mich ein Genie. Sein Comic *Maus* bleibt einer der wichtigsten literarischen Texte (wenn auch mit Bildern) über den Holocaust. Aber diesmal bin ich nicht einverstanden mit ihm. Er war um eine Titelblattzeichnung für eine Nummer des *New Statesman* zum Thema Meinungsfreiheit gebeten worden, und seine von anderen Zeitungen publizierte Zeichnung war wunderschön (eine brutal geknebelte Frau). Aber Spiegelman hatte verlangt, dass auch eine Mohammed-Karikatur von ihm gedruckt werde, und das hatte die Zeitschrift abgelehnt. Daraufhin hat Art Spiegelman seine Titelblattzeichnung zurückgezogen.

Um die Attacke auf *Charlie Hebdo* gab es allerlei Konfusion (ich hatte keine Kolumne darüber geschrieben, weil ich gleich nach dem Drama zwei Interviews dazu gegeben hatte und die Kolumne erst zwei Wochen später erschienen wäre, aber ich war sehr davon betroffen, auch weil ich eine sympathische Karikatur besaß, die Wolinski, der bei dem Massaker ums Leben gekommene Karikaturist von *Charlie Hebdo*, einmal von mir gemacht hatte, als wir uns mit der Redaktion von *Linus** in der Bar trafen).

Doch zurück zu Art Spiegelman und seiner Mohammed-Karikatur. Ich glaube, da waren zwei Rechte und zwei Pflichten im Spiel. Denkt man an Papst Franziskus, der gesagt hatte,

---

* Ein satirisches Comic-Heft, ähnlich der Wochenzeitung *Charlie Hebdo*, das von der römischen Zeitung *La Repubblica* und dem Wochenmagazin *L'Espresso* gemeinsam betrieben wird (A. d. Ü.).

wenn jemand seine Mutter beleidige, würde er ihm einen Fausthieb versetzen (was viele verstört hatte), so möchte ich daran erinnern, dass er nicht gesagt hat, er würde ihn töten. Natürlich wusste er, dass eines der zehn Gebote das Töten verbietet, und daher konnte er nicht umhin, die Aktion der Terroristen zu verurteilen, die zusammen mit ihren Kopfabschneider-Verbündeten vom sogenannten IS die neue Form des Nazifaschismus verkörpern (Rassismus, Vernichtung aller Andersgläubigen, Projekt der Welteroberung). Man musste das Massaker verurteilen und dagegen auf die Straße gehen, wie es geschehen ist, um die Meinungs- und Redefreiheit zu verteidigen.

Man muss auch die Meinungs- und Redefreiheit derer verteidigen, die nicht so denken wie wir (so lehrt schon Voltaire). Aber wenn die Journalisten von *Charlie* nicht den grässlichen Racheakt erlitten hätten, den sie erlitten haben, und das Massaker nicht stattgefunden hätte, dann hätte jeder das Recht gehabt, ihre Karikaturen zu kritisieren – und nicht nur die von Mohammed, sondern auch die von Jesus und der Jungfrau Maria, die sehr den im 19. Jahrhundert von Leo Taxil verbreiteten ähneln, in denen man eine Madonna sah, die mit einer Taube schwanger war, und einen gehörnten Josef.

Es gibt ein ethisches Prinzip, nach dem man das religiöse Empfinden anderer nicht beleidigen sollte, weshalb auch jemand, der zu Hause gotteslästerlich redet, es in der Kirche tunlichst unterlässt. Auf Mohammed-Karikaturen verzichten sollte man nicht aus Angst vor Racheakten, sondern weil es (und ich entschuldige mich für diesen zu weichen Ausdruck) »unhöflich« ist. Und man sollte auch nicht die Heilige Jungfrau karikieren, auch wenn es den Katholiken fernliegt (heute jedenfalls), diejenigen, die es tun, zu massakrieren. Beim

Nachforschen im Internet habe ich übrigens entdeckt, dass keiner von denen, die gegen die »Zensur« des *New Statesman* protestieren, Spiegelmans Zeichnung reproduziert hat. Warum nicht? Aus Respekt vor den Anderen oder aus Angst?

Bei der Sache mit *Charlie* waren zwei Grundprinzipien im Spiel, aber sie waren schwer auseinanderzuhalten angesichts des schaurigen Terroraktes seitens derer, die kein Recht dazu hatten. So war es erlaubt, das Recht auf freie Meinungsäußerung zu verteidigen, auch der unhöflichen, indem man »*Je suis Charlie*« sagte, aber wenn ich *Charlie* gewesen wäre, hätte ich mich nicht damit amüsiert, über die Empfindlichkeit der Muslime zu spotten, auch nicht über die der Christen (und nicht einmal über die der Buddhisten, wenn es darum ginge).

Wenn Katholiken sich über Beleidigungen der Heiligen Jungfrau empören, dann respektiere man das – und schreibe allenfalls einen klugen historischen Aufsatz über die Probleme der Inkarnationslehre. Wenn die Katholiken auf die Beleidiger der Heiligen Jungfrau schießen würden, dann bekämpfe man sie mit allen Mitteln.

Nazis und Antisemiten aller Art haben üble Karikaturen der »infamen Juden« verbreitet, aber letztlich hat die westliche Kultur diese Schmähungen hingenommen und als freie Meinungsäußerungen toleriert. Als die Hetzer jedoch von der Karikatur zum Massaker übergingen, ist man dagegen aufgestanden. Sprich: Man hat die Freiheit von Édouard Drumont (im 19. Jahrhundert) respektiert, sich krass antisemitisch zu äußern, aber man hat die Naziverbrecher in Nürnberg gehängt.

12. Juni 2015

V

Zwischen Philosophie
und Religion

Über Liebe und Hass

In der letzten Zeit habe ich über Rassismus, über die Fabrikation des Feindes und über die politische Funktion des Hasses auf den oder die Anderen geschrieben. Ich glaubte, alles dazu gesagt zu haben, doch kürzlich in einer Diskussion mit meinem Freund Thomas Stauder ist etwas Neues (jedenfalls für mich Neues) hinzugekommen – es war eines jener Gespräche, bei denen man hinterher nicht mehr weiß, wer dies und wer das gesagt hat, aber im Ergebnis übereinstimmt.

Wir neigen mit einer etwas vorsokratischen Leichtigkeit dazu, Liebe und Hass als Gegensätze zu verstehen, die einander symmetrisch gegenüberstehen, als ob wir das, was wir nicht lieben, hassen würden und umgekehrt. Es gibt jedoch zwischen den beiden Polen ganz offensichtlich zahllose Übergänge. Das gilt auch, wenn wir die beiden Begriffe im übertragenen Sinn verwenden: Dass ich Pizza liebe und nicht verrückt auf Sushi bin, bedeutet nicht, dass ich Sushi hasse. Ich mag es nur nicht so wie Pizza. Und nimmt man die beiden Begriffe im eigentlichen Sinn, so bedeutet meine Liebe zu einer Person nicht, dass ich alle anderen hasse, als Gegenstück zur Liebe kann auch sehr gut Gleichgültigkeit stehen (ich liebe meine Kinder, aber der Taxifahrer, der mich vorhin nach Hause gebracht hat, war mir gleichgültig).

Der wahre Punkt ist jedoch, dass Liebe isoliert. Wenn ich eine Frau wahnsinnig liebe, erwarte ich, dass sie nur mich allein liebt und nicht noch andere (jedenfalls im selben Sinne). Eine Mutter liebt ihre Kinder leidenschaftlich und wünscht, dass sie von ihnen ebenso bevorzugt zurückgeliebt wird (die Mama gibt es nur einmal), und zu Kindern anderer Leute würde sie niemals eine gleich große Liebe empfinden. Liebe ist also auf ihre Weise egoistisch, possessiv und selektiv.

Sicher verlangt das Liebesgebot, dass wir unseren Nächsten wie uns selbst lieben (alle Nächsten, alle sechs Milliarden), doch in der Praxis empfiehlt uns dieses Gebot, niemanden zu hassen, und es verlangt nicht, dass wir einen uns unbekannten Eskimo genauso lieben wie unseren Vater oder Enkel. Einem Robbenjäger wird meine Liebe stets meinen Enkel vorziehen. Und obwohl ich nicht denke (wie es eine bekannte Legende will), dass es mir gleichgültig ist, wenn in China ein Mandarin stirbt (besonders wenn mir das einen Vorteil einbringen könnte), und ich weiß, dass die Glocke immer auch für mich läuten wird, werde ich über den Tod meiner Großmutter allzeit tiefer betroffen sein als über den des chinesischen Mandarins.

Hass jedoch kann kollektiv sein, und für totalitäre Regime muss er das auch, weshalb die faschistische Schule von mir als Kind verlangte, »alle« Söhne Albions zu hassen, und Mario Appelius jeden Abend im Radio sein »Gott vermaledeie die Engländer« rezitierte. Und so wollen es die Diktaturen und Populismen, und oft auch die Religionen in ihrer fundamentalistischen Version, denn der Hass auf die Feinde vereint die Völker und lässt sie alle mit einem identischen Feuer brennen. Die Liebe wärmt mir das Herz gegenüber wenigen Personen, der Hass erhitzt es mir und meinen Nächsten gegenüber Millionen Menschen, gegenüber einer Nation, einer Ethnie, einer Menschengruppe mit anderer Hautfarbe oder anderer Sprache. Der italienische Rassist hasst alle Albaner oder alle Rumänen oder alle Sinti und Roma, Umberto Bossi hasst alle

Süditaliener (und wenn er dann eine Rente bezieht, die auch mit den Steuern der Süditaliener bezahlt wird, ist das wirklich die Spitze der Niedertracht, in der sich der Hass mit Schadenfreude und Hohn vermischt), Berlusconi hasst alle Richter und verlangt von uns, es ihm nachzutun und alle Kommunisten zu hassen, auch um den Preis, sie dort zu sehen, wo es sie gar nicht gibt.

Hass ist folglich nicht individualistisch, sondern großzügig, philanthropisch, er umarmt mit einem einzigen Aufflammen riesige Massen. Nur in Romanen wird uns gesagt, wie schön es ist, aus Liebe zu sterben, aber in Zeitungen – jedenfalls als ich ein Kind war – wurde als wunderschön der Tod des Helden dargestellt, der ihn ereilte, während er eine Bombe auf den verhassten Feind warf.

Das ist der Grund, warum die Geschichte unserer Gattung seit jeher vor allem von Hass und Kriegen und Massakern geprägt worden ist und nicht von Taten der Liebe (die weniger bequem und oft sehr mühsam sind, wenn sie über den engen Kreis unseres Egoismus hinausgreifen wollen). Unsere Neigung zu den Wonnen des Hasses ist so natürlich, dass es den Lenkern der Völker leichtfällt, sie zu kultivieren, während zur Liebe nur abstoßende Wesen einladen, Typen mit der widerwärtigen Angewohnheit, Leprakranke zu küssen.

28. Oktober 2011

Wo ist der Tod geblieben?

Das französische *Magazine Littéraire* widmet seine November-nummer dem Thema »Was die Literatur über den Tod weiß«. Ich habe die verschiedenen Artikel mit Interesse gelesen, aber ich war enttäuscht darüber, dass mir neben vielem, was ich nicht wusste, am Ende ein wohlbekanntes Faktum aufgetischt wurde: dass die Literatur sich seit jeher mit dem Tod beschäf-tigt hat (natürlich zugleich mit der Liebe). Die Artikel der französischen Zeitschrift behandelten feinsinnig die Präsenz des Todes sowohl in der erzählenden Literatur des vergange-nen Jahrhunderts als auch in jener der vorromantischen Go-tik. Doch man hätte sich auch über den Tod des Hektor und die Trauer der Andromache ergehen können, oder über die Leiden der Märtyrer in vielen mittelalterlichen Texten. Ganz zu schweigen davon, dass die Geschichte der Philosophie mit dem gängigsten Beispiel der ersten Prämisse eines Syllogis-mus beginnt: »Alle Menschen sind sterblich.«

Das Problem scheint mir eher ein anderes zu sein, und viel-leicht hängt es damit zusammen, dass heute weniger Bücher gelesen werden: Wir Zeitgenossen haben es verlernt, mit dem Tod zu leben. Die Religionen, Mythen und alten Riten mach-ten uns den Tod vertraut, auch wenn er immer gefürchtet blieb. Die großen Begräbnisfeiern, die Schreie der Klagewei-ber, die Totenmessen gewöhnten uns daran, ihn zu akzeptie-ren. Die Predigten über die Hölle bereiteten uns auf ihn vor, und noch in meiner Kinderzeit wurde ich aufgefordert, die Seiten über den Tod in *Der umsichtige Knabe* von Don Bosco zu lesen, der nicht nur der fröhliche Priester war, der die Kinder spielen ließ, sondern auch eine flammend-visionäre Phantasie hatte. Er erinnerte uns daran, dass wir nicht wissen, wo uns der Tod überraschen wird – ob im Bett, bei der Arbeit oder auf der Straße, durch einen Aderriss, einen Katarrh, einen Blutsturz, ein Fieber, eine Wunde, ein Erdbeben, einen Blitz, »vielleicht gleich wenn ihr diese Betrachtung zu Ende gelesen habt«. In solchen Momenten empfanden wir den Kopf verdunkelt, die Augen schmerzerfüllt, die Zunge trocken, die Kehle verstopft, die Brust bedrückt, das Blut gefroren, das Fleisch verzehrt und das Herz durchbohrt. Daher die Notwendigkeit, das Exerzitium des Guten Todes zu praktizieren: »Wenn meine unbeweglichen Füße mir ankündigen, dass mein Lauf in dieser Welt zu Ende geht ... Wenn meine zitternden und gefühllosen Hände dich nicht mehr greifen können, o mein gutes Kruzifix, und dich gegen meinen Willen auf das Bett meiner Schmerzen fallen lassen ... Wenn meine getrübten und vom nahen Tod schreckgeweiteten Augen ... Wenn meine fahlblassen Wangen bei den Umstehenden Mitleid und Schrecken erregen und meine vom Schweiß des Todes gebadeten Haare sich aufstellen, um mein nahes Ende anzukündigen ... Wenn meine von grauenhaften und furchterregenden Gespenstern erregte Phantasie in tödliche Traurigkeit abstürzt ... Wenn ich den Gebrauch aller Sinne verloren habe ... barmherziger Jesus, hab Mitleid mit mir.«

Reiner Sadismus, wird man sagen. Doch was lehren wir heute unsere Zeitgenossen? Dass der Tod fern von uns in der Klinik stattfindet, dass man gewöhnlich nicht mehr dem Sarg auf den Friedhof folgt, dass wir die Toten nicht mehr sehen. Dass wir sie nicht mehr sehen? Aber wir sehen sie doch ständig, wie sie Streifen von Hirnmasse an Taxifenster verspritzen, in die Luft fliegen, im Meer versinken mit den Füßen in einem Betonblock, auf der Straße zerschellen und den Kopf auf dem Pflaster kreiseln lassen – aber das sind nicht wir, und das sind nicht unsere Lieben, das sind Schauspieler. Der Tod ist zu einem Spektakel geworden, sogar zu Hause in unseren Wohnungen, wo uns die Medien von dem real vergewaltigten oder einem Serienkiller zum Opfer gefallenen Mädchen berichten. Wir sehen nicht den blutigen Leichnam, weil das eine Form wäre, uns an den Tod zu erinnern, man lässt uns nur die weinenden Freunde sehen, die Blumen an den Tatort bringen, und man klingelt mit einem noch weit schlimmeren Sadismus an der Tür der Mutter, um sie zu fragen: »Was haben Sie empfunden, als Sie hörten, dass Ihre Tochter ermordet worden ist?« Man inszeniert nicht den Tod, sondern die Trauer der Freunde und den Schmerz der Mutter, die uns weniger hart treffen.

So wird das Verschwinden des Todes aus unserem unmittelbaren Erfahrungshorizont dazu führen, dass wir noch sehr viel mehr erschrecken werden, wenn es so weit ist und wir vor diesem Ereignis stehen, das doch seit unserer Geburt zu uns gehört – und mit dem der Weise sein ganzes Leben lang lebt.

29. November 2012

Unser Paris

Die Nacht des Massakers von Paris habe ich wie viele andere vor dem Fernseher verbracht. Da ich den Pariser Stadtplan gut kenne, versuchte ich zu begreifen, wo genau sich diese Anschläge zutrugen, und überlegte, ob Freunde von mir in der Nähe wohnen und wie weit es von dort bis zu meinem Verlag ist oder zu dem Restaurant, in das ich gewöhnlich gehe. Es beruhigte mich, dass die Anschläge weit entfernt waren, alle auf dem rechten Seine-Ufer, während mein persönliches Pariser Universum auf dem linken Ufer liegt.

Das verringerte zwar um nichts den Schrecken und Abscheu, aber es war, wie zu wissen, dass man nicht in das Flugzeug eingecheckt hatte, das gerade wer weiß wo abgestürzt ist. Auch hatte man in jener Nacht noch nicht angefangen zu denken, dass so etwas vielleicht auch bei uns passieren könnte. Es war gewiss eine Tragödie, und frag nicht, für wen die Glocke läutet, aber es war immer noch eine Tragödie der anderen.

Und doch regte sich in mir ein vages Unbehagen, als ich mir sagte, dass ich diesen Namen, Bataclan, doch irgendwoher kannte. Schließlich fiel es mir wieder ein: Genau da war vor etwa zehn Jahren einer meiner Romane vorgestellt worden, mit einem wunderschönen Konzert von Gianni Coscia und Renato Sellani. Also war das ein Ort, an dem ich gewesen war und wieder hätte sein können. Dann – nein, nicht dann, sondern fast sofort – erkannte ich die Adresse am Boulevard Richard Lenoir wieder: Da wohnte doch Kommissar Maigret!

Man wird jetzt sagen, das ist nicht erlaubt, angesichts so schrecklicher »realer« Ereignisse fiktive Personen ins Spiel zu bringen. Doch sie gehören dazu, und das erklärt, warum das Pariser Massaker uns alle so tief im Herzen getroffen hat, obwohl es schlimmste Massaker ja auch in anderen Städten der Welt gegeben hat. Paris ist genau deshalb die geistige Heimat sehr vieler von uns, weil die reale und die fiktive Stadt in unserem Gedächtnis verschmolzen sind, als ob sie beide zu uns gehörten oder wir in beiden gelebt hätten.

Es gibt ein Paris, das so real ist wie das Café de Flore: etwa das von Henri IV. und Ravaillac, das der Enthauptung Ludwigs XVI., des Attentats von Orsini auf Napoleon III. oder des Einzugs der Truppen von General Leclerc 1944. Doch auch bei diesen Tatsachen erinnern wir uns, wenn wir ehrlich sind, mehr an das Ereignis (an dem wir nicht teilgenommen haben), wie es in Romanen und Filmen dargestellt worden ist.

Das befreite Paris haben wir auf der Leinwand in *Brennt Paris?* gesehen, so wie wir ein früheres Paris in *Les enfants du Paradis* gesehen hatten, so wie es uns, wenn wir nachts (real) auf die Place des Vosges kommen, an das Schaudern erinnert, das wir oft empfanden, wenn wir diesen Platz auf der Leinwand sahen, so wie wir die Welt der Edith Piaf erleben, auch wenn wir sie nie real gekannt haben, und wie wir alles über die Rue Lepic wissen, von der uns Yves Montand so schön singend erzählt hat.

Es geschieht in der Realität, dass wir an der Seine entlanggehen und vor den Buden der Bouquinisten stehen bleiben, aber auch hier erleben wir viele romantische Spaziergänge nach, von denen wir gelesen haben, und wenn wir aus der Ferne die Kathedrale von Nôtre-Dame betrachten, können wir nicht umhin, an Quasimodo und Esmeralda zu denken. Zu unserer Erinnerung an Paris gehören das Duell der Musketiere bei den Barfüßigen Karmelitern, Balzacs Kurtisanen, Lucien de Rubempré und Rastignac, Maupassants Bel-Ami, Flauberts Fréderic Moreau und Madame Arnoux, Hugos Gavroche auf den Barrikaden, Prousts Swann und Odette de Crécy.

Unser »wahres« Paris ist das heute nur noch imaginäre von Montmartre zur Zeit von Picasso und Modigliani oder von Maurice Chevalier, und nehmen wir auch Gershwins *Ein Amerikaner in Paris* dazu und sein süßliches und doch unvergessliches Remake mit Gene Kelly und Leslie Caron, und auch das Paris von Fantômas, wie er durch die Kloaken flieht, und eben Kommissar Maigrets – von dem wir alle Nebel, alle Bistros, alle Nächte am Quai des Orfèvres gesehen haben.

Wir müssen zugeben, dass vieles von dem, was wir über das Leben und die Gesellschaft, über Liebe und Tod begriffen haben, uns von diesem imaginären, fiktiven und doch so realen Paris gelehrt worden ist. Und daher hat nun der Anschlag auch unser Haus getroffen, ein Haus, in dem wir länger gelebt haben als in unseren amtlich eingetragenen Wohnungen. Doch immerhin lassen uns all diese Erinnerungen hoffen, denn noch gilt, dass »*la Seine roule, roule …*«

1. Dezember 2015

Das Rentier und das Kamel

In diesen vorweihnachtlichen Wochen ist die Debatte über die Krippen wieder voll entbrannt. Einerseits haben einige große Handelsketten den Verkauf von Krippenmaterial eingestellt, weil (so heißt es) niemand mehr danach fragt, was Empörung bei vielen frommen Seelen hervorgerufen hat, die jedoch, statt ihresgleichen dafür zu schelten, dass sie sich nicht mehr für diese Tradition interessieren, nun die Verkäufer angeklagt haben (und ausgerechnet eine Handelskette, die, wie sich dann herausgestellt hat, auch vorher nie Krippenfiguren verkauft hatte). Andererseits hat man daraus den Schluss gezogen, dass die Abneigung gegen Krippen auf einen Exzess an politischer Korrektheit zurückgehe, wobei man als Beispiel auf viele Schulen verweist, in denen keine Krippen mehr aufgebaut werden, weil man die Empfindungen andersgläubiger Schüler nicht verletzen will.

Was die Schulen angeht, so wäre das, auch wenn es nur um ein paar wenige ginge, ein schlimmes Zeichen, denn die Schule darf keine Traditionen abschaffen, sondern muss sie im Gegenteil alle respektieren. Wenn sie will, dass Kinder verschiedener Ethnien friedlich zusammenleben, muss sie jeder Gruppe ermöglichen, die Traditionen der anderen zu verstehen. Daher muss es zu Weihnachten eine Krippe geben und an den wichtigen Feiertagen der anderen Religionen oder ethnischen Gruppen deren Symbole und Rituale. So würden die Kinder über die Vielfalt der verschiedenen Traditionen und Glaubensformen unterrichtet, jeder würde in irgendeiner Weise an den Festen der anderen teilnehmen, ein kleiner Christ würde lernen, was der Ramadan ist, und ein kleiner Muslim würde etwas über die Geburt Jesu erfahren.

Bei der Behauptung, dass keine Krippenfiguren mehr verkauft werden, habe ich den Eindruck, dass es sich um eine journalistische Aufblähung handelt. In der Kirche San Gregorio Armeno in Neapel gibt es weiterhin die unglaublichsten Figuren zu kaufen, und auch im Mailänder Rinascente ist die Abteilung für Krippenbedarf immer noch proppenvoll. Eine Wochenzeitung hat eine Umfrage unter Politikern gemacht, und dabei ist herausgekommen, je linker oder antiklerikaler einer ist, desto mehr liebt er Krippen. Man könnte fast meinen, die Krippe sei ein gerade bei Atheisten beliebtes Symbol, während die braven Kirchgänger sich zum Tannenbaum bekehrt und den Weihnachtsmann an die Stelle des Jesuskindes oder der Heiligen Drei Könige gesetzt haben, die zur Zeit meiner Kindheit noch mit Geschenken beladen waren, weshalb wir Kinder damals so freudig den Himmelskönig begrüßten, der von den Sternen herabgestiegen war, um uns Spielzeug zu bringen.

Aber die Sache ist noch verwirrender. Man bedenke, dass der Tannenbaum und der Weihnachtsmann eine protestantische Tradition repräsentieren, ohne jedoch daran zu erinnern, dass Santa Claus ein katholischer Heiliger war, nämlich der heilige Nikolaus von Bari (respektive von Myra in Kleinasien, von wo seine Gebeine im 11. Jahrhundert nach Bari geholt worden waren, weshalb er bei uns Nikolaus von Bari genannt wird). Doch der immergrüne Baum ist zugleich auch ein heidnisches Erbe, denn er erinnert an das vorchristliche Fest der Wintersonnwende, das skandinavische Julfest, und die Kirche hatte das Weihnachtsfest absichtlich auf dieses

Datum gelegt, um die heidnischen Traditionen und Feste zu absorbieren und sich einzuverleiben. Letzte Ambiguität: Das konsumistische Neuheidentum hat den Weihnachtsbaum vollkommen entsakralisiert, so dass er zu einem bloßen saisonalen Möbelstück geworden ist, wie die städtischen Festbeleuchtungen in den Straßen. Kinder und Eltern vergnügen sich damit, bunte Kugeln an die Zweige zu hängen, aber sicher hatte ich mehr Vergnügen daran, meinem Vater beim Aufbau der Krippe zu helfen, mit dem er schon Anfang Dezember begann, und es war ein Fest, darin Springbrunnen und Wasserfälle sprudeln zu sehen, die von einem verborgenen Einspritzapparat bedient wurden.

Die Praxis des weihnachtlichen Krippenbauens geht immer mehr verloren, weil sie Arbeitskraft und Erfindergeist verlangt (alle Weihnachtsbäume gleichen einander, Krippen sind immer etwas verschieden), und wenn man die Abende mit dem Krippenbauen verbringt, riskiert man, jene Fernsehshows zu verpassen, die so wichtig für den Zusammenhalt der Familien sind – wo sie doch immer betonen, dass man die Kinder nicht allein nackte Frauen und verspritzte Hirnmasse sehen lassen soll.

Wenn ich bedenke, dass mein der Krippe so ergebener Vater ein Saragat*-naher Sozialist war, mild freidenkerisch und moderat antiklerikal, dann muss ich sagen, das Verschwinden der Krippe ist ein Übel auch für Nichtgläubige, ja vielleicht gerade für sie. Denn um die Krippe zu erfinden, bedurfte es einer Persönlichkeit wie des heiligen Franziskus, dessen Religiosität sich vor allem darin ausdrückte, dass er zu Vögeln und

---

* Giuseppe Saragat (1889–1988), sozialdemokratisch orientierter Politiker, 1926–43 als Antifaschist im Exil, 1964–71 italienischer Staatspräsident (A. d. Ü.).

Wölfen sprach. Die Krippe ist das Humanste und am wenigsten Transzendentale, was man erfinden konnte, um an die Geburt Jesu zu erinnern. In diesem heiligen Diorama verweist nichts außer dem Stern und zwei über der Hütte fliegenden Engelchen auf theologische Spitzfindigkeiten, und je mehr sich die Krippe bevölkert, desto mehr zelebriert sie das Alltagsleben, womit sie den Kleinen hilft zu begreifen, wie das Leben früher war, und vielleicht auch ein bisschen Sehnsucht nach einer noch nicht vergifteten Natur in ihnen weckt.

Während die säkulare und konsumistische Tradition des Weihnachtsbaums sogar an einen leicht nazistischen Aberglauben erinnert, der sich im Dunkel der Zeiten verliert, feiert die religiöse Tradition der Krippe eine weltzugewandte, natürliche Umwelt – mit ihren Häuschen auf den Hügeln, ihren Schafen und Hühnern, ihren Hufschmieden, Schreinern und Wasserträgern, mit Ochs und Esel und dem Kamel, das leicht durch ein Nadelöhr ginge, während derjenige, der sich unter den Baum voll kostbarer Geschenke legt, nicht ins Himmelreich eingehen wird.

22. Dezember 2006

Pst, nicht darüber reden …

Ich glaube, es war vor etwa zehn Jahren, dass ich geschrieben hatte, Europa werde in einigen Jahrzehnten ein farbiger Kontinent geworden sein, aber dieser Prozess werde Blut, Schweiß und Tränen kosten.[*] Ich war kein Prophet, nur jemand mit gesundem Menschenverstand, der sich häufig auf die Geschichte bezieht, überzeugt, dass man, wenn man lernt, was geschehen ist, oft auch begreift, was geschehen könnte. Es genügt mir, ohne jetzt an die terroristischen Attentate zu denken, zu sehen, was die Menschen in diesen Tagen beunruhigt. In Frankreich schreibt ein Gymnasialprofessor sehr kritische Dinge über die islamische Religion und bringt sich damit in Lebensgefahr. In Berlin wird eine Aufführung von Mozarts *Idomeneo* abgesetzt, weil darin die abgeschnittenen Köpfe nicht nur von Jesus und Buddha zu sehen sind (sei's drum), sondern auch der von Mohammed. Ich spreche nicht vom Papst, der eigentlich in seinem Alter begreifen sollte, dass es einen gewissen Unterschied zwischen der Universitätsvorlesung eines beliebigen Professors und der Rede eines Pontifex maximus gibt, die von allen TV-Stationen übertragen wird, weswegen er vielleicht ein bisschen vorsichtiger formulieren sollte[**] (aber

[*] Deutsch in *Vier moralische Schriften*, Hanser 1998, S. 99 f. (A. d. Ü.).

[**] Anspielung auf die Rede Benedikts XVI. am 12.11.2006 in der Universität Regensburg, in der er den byzantinischen Kaiser Manuel II. Paläologos mit den Worten zitierte: »Zeig mir doch, was Mohammed Neues gebracht hat, und da wirst du nur Schlechtes und Inhumanes finden wie dies, daß er vorgeschrieben hat, den Glauben, den er predige, durch das Schwert zu verbreiten« (A. d. Ü.).

gewiss gehören diejenigen, die ein historisches Zitat zum Vorwand nehmen, um zu versuchen, einen neuen Religionskrieg zu entfesseln, nicht zu den Leuten, mit denen ich gerne essen gehen würde).

Über den Fall des französischen Professors hat Bernard-Henri Lévy einen schönen Artikel geschrieben (im *Corriere della Sera* vom 4. Oktober): Man könne in vollem Dissens mit ihm sein, aber man müsse sein Recht verteidigen, eine Meinung über religiöse Dinge frei zu äußern, ohne deswegen erpresst zu werden. Über den Fall des abgesetzten *Idomeneo* schreibt Sergio Romano in derselben Nummer des *Corriere*, was ich hier mit meinen Worten wiederzugeben versuche, für die er nicht verantwortlich ist: Wenn ein auf Neuheit versessener Regisseur eine Mozart-Oper inszeniert und sich dazu der abgeschnittenen Köpfe einiger Religionsgründer bedient, was Mozart nie eingefallen wäre, ist das mindeste, was man tun kann, ihn mit Fußtritten zu traktieren, aber aus ästhetischen und philologischen Gründen, wie man es auch mit jenen Regisseuren tun sollte, die *König Ödipus* mit Schauspielern in gegipsten Zweireihern präsentieren. Doch siehe da, am selben Tag beruft sich in der *Repubblica* ein illustrer Musiker wie Daniel Barenboim – obwohl er sich fragt, ob es wirklich in Mozarts Sinne ist, solch eine Inszenierung zu wagen – auf die Freiheit der Kunst.

Ich glaube, mein Freund Daniel würde mir zustimmen, wenn ich beklage, dass vor Jahren die Aufführung von Shakespeares *Kaufmann von Venedig* kritisiert (oder verboten) wurde, weil darin ein damals verbreiteter Antisemitismus zum Ausdruck kommt (der freilich bis auf Chaucer zurückgeht), auch wenn in Shylock ein berührender Fall von menschlichem Leiden dargestellt wird. Doch heute haben wir es mit etwas anderem zu tun, nämlich mit der Angst, über bestimmte Dinge zu reden, also mit Tabus. Und diese Tabus sind keineswegs alle den fundamentalistischen Islamisten zuzuschreiben (die in puncto Empfindlichkeit nicht spaßen), sondern haben mit der aus Amerika übernommenen Ideologie des *politically correct* angefangen, die an sich vom Respekt gegenüber allen anderen getragen ist, aber inzwischen verbietet, nicht nur Witze über Juden, Muslime und Behinderte zu machen, sondern auch über Schotten, Belgier, Genuesen, Carabinieri, Feuerwehrleute, Müllmänner und Eskimos (die man nicht mehr so nennen darf, aber wenn ich sie so nennen würde, wie sie es sich wünschen, würde niemand verstehen, wovon ich rede).

Vor zwanzig Jahren lehrte ich in New York, und um vorzuführen, wie man einen Text analysiert, hatte ich fast zufällig eine Erzählung gewählt, in der (in einer einzigen Zeile) ein Seemann mit ungenierter Sprache die Vagina einer Prostituierten als »weit wie die Barmherzigkeit der…« definierte – und anstelle der drei Punkte stand der Name einer Gottheit. Am Ende kam ein offensichtlich muslimischer Student zu mir und warf mir vor, ich hätte es an Respekt vor seiner Religion fehlen lassen. Ich antwortete ihm, ich hätte nur die Vulgarität eines anderen zitiert, aber ich entschuldigte mich jedenfalls dafür. Doch am nächsten Tag fügte ich in meinen Vortrag eine wenig respektvolle (aber lustige) Anspielung auf eine hochangesehene Person des christlichen Pantheons ein. Alle lachten los, und er stimmte in das Gelächter mit ein. Am Ende nahm ich ihn am Arm und fragte ihn, warum er es an Respekt vor *meiner* Religion habe fehlen lassen. Dann versuchte ich ihm den Unterschied zwischen einer scherzhaften Anspielung, einer unnützen Nennung des Namens Gottes und einem gotteslästerlichen Reden zu erklären, um ihn zu größerer Toleranz einzuladen. Er entschuldigte sich, und ich denke, er hat verstanden. Was er vielleicht nicht ganz begriffen hat, ist die extreme Toleranz der katholischen Welt, insbesondere der italienischen – denn bedenken wir, wenn in einer »Kultur« des Lästerns ein gottesfürchtiger Gläubiger das höchste Wesen mit unwiederholbaren Adjektiven bezeichnen kann, wer könnte sich da noch über irgendetwas empören?

Doch nicht alle Erziehungsprozesse können so friedlich und zivilisiert verlaufen wie der zwischen mir und diesem Studenten. Über den Rest wollen wir lieber schweigen. Aber wozu wird es in einer Kultur kommen, in der vor lauter Angst, etwas Falsches zu sagen, nicht einmal die Forschenden und Lehrenden es mehr wagen, sich auf (sagen wir) einen arabischen Philosophen zu beziehen? Es käme dann zu einer *damnatio memoriae*, zur Auslöschung einer respektablen anderen Kultur durch deren Verschweigen. Und das würde weder der gegenseitigen Kenntnis noch dem Verständnis nützen.

19. Oktober 2006

Die Drei Könige,
wer sind denn die?

Fast zufällig habe ich in den letzten Tagen zwei Episoden miterlebt, eine mit einer Fünfzehnjährigen, die sehr interessiert in einem Kunstbuch voller Gemäldereproduktionen blätterte, und die andere mit zwei Fünfzehnjährigen, die fasziniert durch den Louvre gingen. Alle drei waren geboren und aufgewachsen in streng säkularen Ländern und nichtgläubigen Familien. Das Ergebnis war, dass sie zwar beim Anblick von Géricaults *Floß der Medusa* kapierten, dass da offenbar einige hungernde Schiffbrüchige auf einem Floß unterwegs waren, oder dass die beiden Personen von Hayez, die in der Pinacoteca di Brera zu sehen sind, zwei Verliebte waren, aber dass sie nicht begreifen konnten, warum Fra Angelico ein Mädchen im Gespräch mit einem geflügelten Androgynen dargestellt hat oder warum ein unordentlich gekleideter Herr einen Berg heruntergesprungen kommt mit zwei schweren Steinplatten in den Händen und funkensprühenden Hörnern auf dem Kopf.

Natürlich erkannten die Jugendlichen etwas in einer Darstellung der Geburt Jesu oder der Kreuzigung wieder, weil sie so etwas schon mal gesehen hatten, aber wenn in der Krippe drei Herren mit Umhängemänteln und Kronen auftauchten, wussten sie schon nicht mehr, wer die waren und woher die kamen.

Etwa drei Viertel der westlichen Kunst sind unmöglich zu verstehen, wenn man die Geschichten des Alten und Neuen

Testaments und die Heiligenlegenden nicht kennt. Wer ist die Frau mit den Augen auf einem Teller, kommt sie aus der *Nacht der lebenden Toten*? Und der Ritter, der einen Mantel zerschneidet, macht der eine Anti-Armani-Kampagne?

So kommt es dazu, dass in vielen kulturellen Situationen die Mädchen und Jungen in der Schule alles über den Tod von Hektor lernen, aber nichts über den des heiligen Sebastian, womöglich auch alles über die Hochzeit von Kadmos und Harmonia, aber nichts über die Hochzeit zu Kana. In manchen Ländern gibt es eine starke Tradition der Bibel-Lektüre, und die Kinder wissen alles über das Goldene Kalb, aber nichts über den Wolf des heiligen Franziskus. In anderen gibt es zahllose Kreuzwege, aber man hat keine Ahnung von der *mulier amicta sole* in der Apokalypse.

Am schlimmsten wird es jedoch, wenn Bürger des Westens (und nicht nur die Fünfzehnjährigen) auf Darstellungen anderer Kulturen stoßen – was heute so viel häufiger vorkommt, wenn sie in exotische Länder reisen, während die Einwohner dieser Länder sich bei uns niederlassen. Ich spreche nicht von den verblüfften Reaktionen eines Westlers angesichts einer afrikanischen Maske oder von seinem Gelächter vor einem von Zellulitis geplagten Buddha (übrigens sagen diese Leute, wenn sie gefragt werden, ohne zu zögern, Buddha sei der Gott der Inder, so wie Mohammed der Gott der Muslime sei). Es ist nur so, dass unsere Hausnachbarn bereitwillig denken, die Fassade eines indischen Tempels sei von Kommunisten entworfen worden, um die Geschehnisse in der Villa Certosa* darzustellen, während sie den Kopf schütteln, wenn sie sehen,

---

* Anspielung auf die Berichte über Bunga-Bunga-Feste und ähnliches in Berlusconis Villa Certosa auf Sardinien (A. d. Ü.).

dass dieselben Inder einen hingekauerten Herrn mit Elefantenkopf ernst nehmen, ohne sich bewusst zu machen, dass sie selber nichts dabei finden, wenn eine göttliche Person durch eine Taube dargestellt wird.

Deswegen ist es nötig, jenseits aller religiösen Überlegungen und auch aus der weltlichsten Sicht der Welt, dass die Kinder in der Schule ein Grundwissen über Ideen und Traditionen der verschiedenen Religionen vermittelt bekommen. Zu meinen, das sei nicht nötig, ist wie zu sagen, man brauche den Kindern nicht mehr beizubringen, wer Jupiter und Minerva oder Zeus und Hera waren, weil das nur noch Lügenmärchen für die alten Frauen im Piräus seien.

Auch der Wunsch, den Religionsunterricht auf die Belehrung über eine einzige Religion zu begrenzen (also zum Beispiel in Italien über die katholische), ist für die Kultur gefährlich, zum einen, weil man nicht verhindern kann, dass einige nichtgläubige Schüler oder Kinder von Nichtgläubigen diesen Unterricht schwänzen und damit auch noch dieses Minimum an grundlegendem Kulturwissen verlieren, zum anderen, weil dann jeder Hinweis auf andere religiöse Traditionen aus dem Schulunterricht gestrichen würde. Mehr noch, auch die katholische Religionsstunde könnte sich zu einer allgemeinen Diskussion über Ethik auflösen, über die Pflichten gegenüber unseren Nächsten oder über den Glauben, dabei jedoch all das vernachlässigen, was uns erlaubt, eine Fornarina* von einer reuigen Magdalena zu unterscheiden.

Wahr ist freilich, dass die Angehörigen meiner Generation alles über Homer und nichts über das Pentateuch gelernt haben

---

* »Die kleine Bäckerin«, Spitzname von Margherita Luti, dem bevorzugten Modell und vermutlich der Geliebten von Raffael (A. d. Ü.).

und dass wir im Gymnasium auch sehr schlechten Unterricht über Kunstgeschichte hatten, ebenso wie man uns alles über Burchiello und nichts über Shakespeare lehrte – und trotzdem sind wir irgendwie zurechtgekommen, weil es offenbar etwas in unserem Umfeld gab, das Anregungen und Informationen durchließ. Die drei Fünfzehnjährigen, von denen ich eingangs sprach, die nicht wussten, wer die Drei Könige sind, haben mich dagegen fürchten lassen, dass bei ihnen auch das Umfeld immer weniger nützliche Informationen durchlässt, um sie stattdessen mit völlig nutzlosen zu überschwemmen.

Mögen die Drei Könige ihre sechs heiligen Hände schützend über sie halten.

26. November 2009

VI

Über Schreiben
und Lesen

Gedanken in Schönschrift

Vor zehn Tagen haben Maria Novella De Luca und Stefano Bartezzaghi drei ganze Seiten der *Repubblica* (leider nur in der Print-Ausgabe) dem Phänomen des Niedergangs der Kalligraphie gewidmet. Man weiß ja, heutzutage können unsere Kinder am Computer (wenn sie ihn benutzen) und beim SMS-Schreiben nur noch mit einer mühsamen Blockschrift operieren. In einem Interview sagt ein Lehrer auch, dass sie sehr viele schlimme Rechtschreibfehler machen, aber das scheint mir ein anderes Problem zu sein: Mediziner kennen die Rechtschreibregeln und schreiben trotzdem schlecht, und man kann diplomierter Kalligraph sein und nicht wissen, ob man *taccuino*, *tacquino* oder *taqquino** schreibt.

In Wahrheit kenne ich Kinder, die in gute Schulen gehen und ziemlich gut schreiben (mit der Hand und in Schreibschrift), aber in den genannten Artikeln ist von fünfzig Prozent unserer Kinder die Rede, und daran sieht man, dass ich dank gnädiger Fügung des Schicksals die anderen fünfzig Prozent frequentiere (so geht es mir übrigens auch in der Politik).

Das Problem ist eher, dass die Tragödie lange vor dem Computer und dem Smartphone begonnen hat. Meine Eltern schrieben noch eine leicht zur Seite geneigte Schrift (wobei sie das Blatt etwas schräg hielten), und ein Brief war, zumindest nach heutigem Standard, ein kleines Kunstwerk. Zwar herrschte der Glaube vor, wahrscheinlich verbreitet von

---

* Das italienische Wort für »Notizbuch« (A. d. Ü.).

Leuten mit sehr schlechter Handschrift, dass Schönschrift die Kunst der Dummen sei, und es ist klar, dass eine schöne Handschrift zu haben nicht unbedingt heißt, sehr intelligent zu sein. Aber alles in allem war es doch angenehm, ein Billet oder ein Dokument zu lesen, das so geschrieben war, wie es sich gehört (oder gehörte).

Auch meiner Generation ist beigebracht worden, gut zu schreiben, und in den ersten Monaten der Elementarschule zog man noch Grundlinien, eine Übung, die später als stumpfsinnig und repressiv angesehen wurde, aber uns immerhin dazu erzog, die Hand ruhig zu halten, um dann mit den niedlichen Perry-Federchen Buchstaben zu malen, die auf der einen Seite bauchig und dick und auf der anderen dünn und fein waren. Allerdings gelang das nicht immer, weil aus dem Tintenfass, mit dessen Inhalt man die Schulbänke, Hefte, Finger und Kleider besudelte, beim Herausziehen der Feder oft ein Stück schmieriger Bodensatz mit herauskam, und dann dauerte es zehn Minuten, bis man es mit allerlei schmutzenden Verrenkungen wieder abgekriegt hatte.

Die Krise begann in der Nachkriegszeit mit dem Aufkommen des Kugelschreibers. Nicht nur, weil auch die ersten Kugelschreiber noch heftig schmutzten, und wenn man gleich nach dem Schreiben aus Versehen mit dem Finger über die letzten Wörter strich, wurde alles verschmiert. Es war eher so, dass sich mit dieser Technik ganz einfach der Wille zum guten Schreiben verlor. Auf jeden Fall, auch wenn man sauber schrieb, hatte die Kugelschreiberschrift keine Seele mehr, keinen Stil und keine Persönlichkeit.

Doch warum soll man heute noch der Schönschrift nachtrauern? Gut und schnell auf der Tastatur schreiben zu können erzieht zu schnellem Denken, Schreibfehler unterstreicht die automatische Korrektur rot (wenn auch nicht immer), und wenn der Umgang mit Smartphones die junge Generation zu neuen Kurzschreibweisen anregt, etwa mit Ziffern für ganze Wörter, wie im Englischen 2 und 4 für »to« und »for« oder im Italienischen »T 6 xduto?« für »Ti sei perduto?« [Hast du dich verirrt?], dann vergessen wir nicht, dass unsere Vorfahren entsetzt wären, wenn sie sähen, wie wir heute manche Wörter schreiben (zum Beispiel *gioia* statt *gioja* und *io avevo* statt *io aveva*), und die mittelalterlichen Theologen schrieben *respondeo dicendum quod*, was einen Cicero hätte erbleichen lassen.

Tatsache ist, wie gesagt, dass die Kunst der Schönschrift zur Kontrolle der Hand und zur Koordinierung von Hand und Hirn erzieht. Bartezzaghi erinnert daran, dass handschriftliches Schreiben verlangt, den Satz im Kopf zu formulieren, bevor man ihn hinschreibt, und in jedem Fall zwingt das Schreiben mit der Hand wegen des Widerstands der Feder und des Papiers zu einer überlegten Verlangsamung. Viele Schriftsteller wissen sehr wohl, auch wenn sie gewöhnlich am Computer schreiben, dass sie manchmal froh wären, wie die Sumerer mit Keilen auf einer Tontafel zu schreiben, um in Ruhe nachdenken zu können.

Unsere Kinder werden immer mehr auf Computer und Smartphone schreiben. Doch die Menschheit hat gelernt, sich als sportliche Übung und ästhetisches Vergnügen zurückzuholen, was der Fortschritt als Notwendigkeit abgeschafft hat. Man muss sich nicht mehr auf Pferderücken fortbewegen, aber man geht in den Reitstall; es gibt Flugzeuge, aber viele Menschen segeln gern wie die Phönizier vor dreitausend Jahren; es gibt Tunnel und Eisenbahnen, aber den Leuten macht es Spaß, zu Fuß über Alpenpässe zu wandern; auch im E-Mail-Zeitalter gibt es noch Leute, die Briefmarken sammeln; man zieht mit Kalaschnikows in den Krieg, aber man veranstaltet friedliche Fechtturniere.

Es wäre wünschenswert, dass Mütter ihre Kinder in Schulen für schöne Handschrift schickten und sie zu Wettbewerben und Turnieren ermunterten, nicht nur, um ihre Erziehung zum Schönen zu fördern, sondern auch für ihr psychomotorisches Wohlbefinden. Solche Schulen gibt es bereits, man muss nur nach »Schule Kalligraphie« im Internet suchen. Und für manche prekär Beschäftigten könnte das vielleicht ein gutes Geschäft werden.

7. August 2009

Einander auf Festivals
ins Gesicht sehen

In diesem kurzen Herbst wimmelt es allenthalben von literarisch-philosophischen Festivals. Jede Stadt, so scheint es, möchte ihr eigenes haben, um das ursprüngliche Glück des Festivals von Mantua auch bei sich zu genießen; jede Stadt bemüht sich, die besten auf dem Markt verfügbaren Köpfe zu gewinnen, in einigen Fällen wandern die Köpfe von Festival zu Festival, doch in jedem Fall ist das Niveau der Eingeladenen eher hoch. Was nun die Zeitungen und Zeitschriften an diesen Festivals so begeistert, ist nicht so sehr die Tatsache, dass sie stattfinden, denn da könnte es sich auch um die fromme Illusion eines Kulturreferenten handeln, sondern dass sie solche riesigen Mengen von Besuchern anlocken, zum großen Teil Jugendliche, die aus anderen Städten anreisen und einen oder zwei Tage damit verbringen, Schriftstellern und Denkern bei langen Vorträgen zuzuhören. Und um diese Veranstaltungen durchzuführen, helfen Scharen von Freiwilligen mit (auch hier meist Jugendliche), die sich so engagiert einsetzen wie einst ihre Väter, als sie nach der großen Flut in Florenz die Bücher vom Schlamm befreiten.

Daher kommt es mir oberflächlich und dumm vor, was einige Moralisten darüber denken, die das Interesse für Kultur nur dann ernst nehmen, wenn es von einer kleinen Zahl ihresgleichen praktiziert wird, und daher in diesen Großereignissen eine Art McDonald's des Denkens sehen. Das Phänomen ist durchaus von Interesse, und man muss sich fragen, warum so viele Jugendliche dorthin gehen statt in die Diskothek; und man sage nicht, das sei dasselbe, denn ich habe noch nicht von Autos voller mit Ecstasy angetörnter Jugendlicher gehört, die nachts um zwei auf der Rückkehr von einem Festival des Geistes an Brückenpfeilern zerschellen.

Ich möchte nur daran erinnern, dass dieses Phänomen, auch wenn es sich in den letzten Jahren fast explosionsartig ausgeweitet hat, nicht neu ist. Denn es war zu Beginn der achtziger Jahre, dass die Stadtbibliothek von Cattolica anfing, Abendveranstaltungen (gegen Eintrittsgeld!) zum Thema »Was machen heute die Philosophen« zu organisieren, und die Leute kamen zum Teil in Bussen aus einem Umkreis von mindestens hundert Kilometern. Und schon damals fragte sich mancher verwundert, was da los war.

Ich glaube auch nicht, dass man dieses Phänomen mit dem Aufblühen von philosophischen *Bistros* rings um die Place de la Bastille in Paris vergleichen kann, wo am Sonntagvormittag bei einem Glas Pernod therapeutische Klein-Klein-Philosophie betrieben wird, eine Art preisgünstige Psychoanalyse. Nein, in den Versammlungen, um die es hier geht, hört das Publikum stundenlang Vorträge auf dem Niveau von Universitätsvorlesungen. Man geht hin, man hört zu, und man geht wieder.

Also bleiben nur zwei Arten von Antwort. Von einer haben wir schon seit den ersten Versammlungen in Cattolica gesprochen: Ein gewisser Prozentsatz von Jugendlichen hat genug von den leichten Unterhaltungsangeboten, von oberflächlichen Rezensionen in Zeitungen, die sich auf Kästchen mit gerade mal zehn Zeilen beschränken, und von TV-Sendungen, die, wenn es um Bücher geht, erst nach Mitternacht ins Programm kommen. Daher heißen sie anspruchsvollere Angebote willkommen. Man spricht beim Publikum dieser Festivals von Hunderten und manchmal Tausenden von Besuchern, und gewiss sind die nur ein kleiner Prozentsatz im Vergleich zur Gesamtheit ihrer Generation, sie entsprechen denen, die sich regelmäßig in die mehrstöckigen Buchhandlungen begeben, und sie sind zweifellos eine Elite. Aber sie sind eine Massen-Elite, soll heißen: das, was eine Elite in einer Welt mit sieben Milliarden Menschen sein kann. Sie sind das Minimum dessen, was eine Gesellschaft vom Verhältnis zwischen Selbstbestimmten und Fremdbestimmten verlangen kann. Statistisch ist mehr nicht möglich, aber wehe, wenn es diese nicht gäbe.

Die zweite Antwort ist, dass diese kulturellen Großveranstaltungen die Unzulänglichkeit der neuen Arten von virtueller Sozialisation anklagen. Du kannst Tausende von Kontakten auf Facebook haben, aber am Ende, wenn du nicht komplett vollgedröhnt bist, merkst du, dass du nicht wirklich in Kontakt mit Menschen aus Fleisch und Blut bist, und dann suchst du nach Gelegenheiten zum Zusammensein und Erfahrungen Teilen mit Leuten, die so denken wie du. Und wie Woody Allen empfahl, ich weiß nicht mehr, wo: Wenn du Girls treffen willst, musst du in Klassikkonzerte gehen. Nicht in Rockkonzerte, wo du in Richtung Bühne brüllst und nicht weißt, wer neben dir steht, sondern in die Konzerte mit Symphonien und Kammermusik, wo du in der Pause Kontakte anknüpfen kannst. Ich sage nicht, dass man auf die Festivals geht, um Partner zu finden, aber bestimmt tut man es, um sich dabei auch einander ins Gesicht zu sehen.

20. September 2013

Der Raum in Form
von Korkenziehern

Manche könnten es unkorrekt finden, dass ich ein Buch besprechen, zu dem ich selbst das Vorwort geschrieben habe. Doch während man von einer Rezension erwartet, dass sie objektiv und nicht von persönlichen Interessen beeinflusst ist, drücken diese Streichholzbriefe per definitionem persönliche Interessen, Eigenarten und Vorlieben aus. Wenn ich das Vorwort zu einem Buch geschrieben habe, dann weil es mir gefallen hat, und darum spreche ich nun davon. Es handelt sich um das Buch *Elementare, Wittgenstein!* von Renato Giovannoli, das trotz seines kecken Titels sehr ernsthaft und anspruchsvoll ist (Medusa, 2007).

Renato Giovannoli ist Autor (unter anderem) eines der engagiertesten »wissenschaftlichen« Fachbücher, *La scienza della fantascienza** (Bompiani, 2001), das eine systematische Zusammenstellung der wichtigsten »fiktions-wissenschaftlichen« Ideen ist, die in allen großen Science-Fiction-Romanen umgehen (Gesetze der Robotik, Natur der Aliens und Mutanten, Hyperspace und Vierte Dimension, Zeitreisen und Zeitparadoxe, Paralleluniversen und so weiter). Diese Ideen weisen eine unverdächtige Kohärenz auf, als bildeten sie ein System, das ebenso homogen und folgerichtig ist wie das der realen Wissenschaft. Was auch nicht unwahrscheinlich ist,

---

* »Die Wissenschaft von der Science-Fiction«; es gibt aber, wie auch von dem Buch »Elementar, Wittgenstein!«, keine deutsche Ausgabe (A. d. Ü.).

denn erstens lesen die Science-Fiction-Autoren sich gegenseitig, manche Themen migrieren von einer Geschichte zur anderen, und so hat sich etwas wie ein Kanon parallel zu dem der offiziellen Wissenschaft gebildet; zweitens entwickeln die Autoren ihre Fiktionen nicht in Opposition zu den Lösungen der Wissenschaft, sondern indem sie die Wissenschaft zu ihren äußersten Konsequenzen treiben; und drittens sind einige der in der Science-Fiction (seit Jules Verne) ventilierten Ideen später zu wissenschaftlichen Realitäten geworden.

Giovannoli wendet nun dasselbe Kriterium auf den Archipel der Kriminalromane an und geht davon aus, dass die Methode der Detektive in den Romanen ähnlich derjenigen der Philosophen und Wissenschaftler ist. Die Idee als solche ist nicht neu, aber neu sind die Breite und Konsequenz, mit denen dieser Ansatz entwickelt wird, so dass man sich fragen könnte (wie es der Autor im Grunde auch tut), ob dieses Buch eine Philosophie des Kriminalromans ist oder eher ein Handbuch der Philosophie, das von Beispielen für Schlussfolgerungen ausgeht, die es dem Kriminalroman entnommen hat. Da ich nicht weiß, ob ich es denen empfehlen soll, die den Kriminalroman verstehen wollen, oder denen, die sich eher für Philosophie interessieren, empfehle ich es sicherheitshalber beiden.

Es zeigt, dass nicht nur einige Krimi-Autoren über philosophische und wissenschaftliche Probleme auf dem laufenden waren (man lese nur etwa die Seiten über Dashiell Hammets Verhältnis zur Relativitätstheorie und zur Topologie), sondern auch, dass einige Denker vielleicht nicht gedacht hätten, was sie gedacht haben, wenn sie keine Krimis gelesen hätten – man sehe nur, welchen Gewinn der zweite Wittgenstein aus der Lektüre von »hard boiled novels« gezogen hat.

Ich weiß nicht, ob die Philosophie dem Krimi vorausgegangen ist, denn im Grunde ist auch *König Ödipus* die Geschichte einer kriminalistischen Untersuchung, aber vielleicht hat die Kriminalerzählung seit der Gothic Novel und E. A. Poe die akademischen Denker mehr beeinflusst, als wir wissen. Giovannoli zeigt uns mit logischen Formeln, Diagrammen und anderen schönen Graphiken, dass der Übergang vom Krimi als Bericht von einer Untersuchung zum Krimi als *Action*-Erzählung so ähnlich ist wie der Übergang vom Wittgenstein des *Tractatus* zum Wittgenstein der *Philosophischen Untersuchungen*, denn es handelt sich um den Übergang von einem Paradigma der Deduktion (das eine geordnete Welt voraussetzt, eine Große Kette des Seins, erklärbar in Begriffen fast obligatorischer Beziehungen zwischen Ursachen und Wirkungen und getragen von einer Art prästabilierter Harmonie, für welche die Ordnung und der Zusammenhang der Ideen im Kopf des Detektivs die Ordnung und den Zusammenhang in der Wirklichkeit widerspiegelt) zu einem »pragmatistischen« Paradigma, in dem der Detektiv weniger nach den Ursachen forscht als Wirkungen provoziert.

Der Krimi als Untersuchung ist zweifellos ein reduziertes Modell der metaphysischen Suche, da beide in die Frage münden »Wer hat das gemacht?« – was ja die philosophische Version des Whodunit ist. Chesterton hatte den Kriminalroman als Symbol der höchsten Mysterien definiert, und Deleuze hat gesagt, ein Philosophiebuch müsse eine Art Kriminalroman sein. Was sind Thomas von Aquins fünf Wege, um die Existenz Gottes zu beweisen, wenn nicht ein Ermittlungsmodell, das den Spuren nachgeht, die Jemand hinterlassen hat? Aber gibt es auch im »hard boiled« eine implizite Philosophie? Denken wir an Pascal und seine Wette: Voilà, probieren wir, die Karten neu zu mischen, und sehen wir, was passiert. Etwas à la Marlowe oder etwas à la Sam Spade.

Gern würde ich mich des längeren über die Passagen ergehen, in denen die möglichen Beziehungen zwischen Agatha Christie und Heidegger diskutiert werden. Gewiss suggeriert Giovannoli nicht, dass Christies *Zehn kleine Negerlein* (1939) Heideggers *Sein und Zeit* (1927) beeinflusst haben könnte, obwohl seine frühere Beschäftigung mit Zeitparadoxen ihm das hätte nahelegen können; aber bei der englischen Lady eine aus mittelalterlichen Quellen bezogene Idee von »Sein-zum-Tode« zu finden, das halte ich für ein Meisterwerk. Letzte Empfehlung: Lesen Sie auch die Ausführungen über Hammet und den Raum in Form von Korkenziehern.

21. März 2007

Über ein nicht gelesenes Buch

Ich erinnere mich (aber wie wir sehen werden, ist nicht gesagt, dass ich mich gut erinnere) an einen sehr schönen Artikel von Giorgio Manganelli, in dem er erklärte, wie ein guter Leser wissen kann, dass er ein Buch nicht zu lesen braucht, auch bevor er es aufgeschlagen hat. Er meinte nicht jene Fähigkeit, die oft von professionellen Lesern verlangt wird (oder auch von wählerischen Amateuren), anhand eines Anfangs, zweier wahllos aufgeschlagener Seiten, des Inhaltsverzeichnisses und manchmal der Bibliographie zu entscheiden, ob ein Buch die Mühe wert ist, gelesen zu werden. Das ist, würde ich sagen, nur Berufshandwerk. Nein, Manganelli sprach von einer Art Erleuchtung, die zu haben er offensichtlich und paradoxerweise beanspruchte.

In dem Buch *Wie man über Bücher spricht, die man nicht gelesen hat* von Pierre Bayard,* einem Psychoanalytiker und Literaturwissenschaftler, geht es nicht um die Frage, woher man wissen soll, ob man ein Buch nicht zu lesen braucht, sondern wie man seelenruhig über ein Buch sprechen kann, das man nicht gelesen hat, sogar als Professor vor Studenten und selbst wenn es sich um ein außerordentlich bedeutendes Buch handelt. Sein Kalkül ist wissenschaftlich: Gute Bibliotheken versammeln einige Millionen Bände, auch wer täglich einen davon liest, kommt nur auf 365 pro Jahr, also sagen wir 3600 in zehn Jahren, und vom zehnten bis zum achtzigsten Lebens-

---

* Deutsch von Lis Künzli, Kunstmann, München 2007 (A. d. Ü.).

jahr hat er kaum 252 000 Bücher gelesen. Ein Klacks. Im übrigen weiß jeder, der eine halbwegs gute Schulbildung genossen hat, wie man sich problemlos einen Vortrag über, sagen wir, Bandello, Guicciardini, Boiardo, Tragödien von Alfieri und sogar Nievos *Bekenntnisse eines Italieners* anhören kann, von denen man in der Schule nur die Titel und die kritische Einordnung gelernt, aber nie eine Zeile gelesen hat.

Die kritische Einordnung ist für Bayard der entscheidende Punkt. Er beteuert schamfrei, den *Ulysses* von Joyce nie gelesen zu haben, aber darüber sprechen zu können, indem er andeutet, dass es sich um eine Wiederaufnahme der *Odyssee* handelt (die er übrigens zugibt, nicht ganz gelesen zu haben), dass er dem Stil des Bewusstseinsstroms verpflichtet ist, dass er an einem einzigen Tag in Dublin spielt und so weiter. Daher bekennt er: »Und so kann es geschehen, dass ich in meinen Vorlesungen, ohne mit der Wimper zu zucken, auf Joyce verweise.« Zu wissen, in welcher Beziehung ein Buch zu anderen Büchern steht, ist oft wichtiger, als es gelesen zu haben.

Bayard zeigt, wie man, wenn man ein seit langem vernachlässigtes Buch endlich zu lesen beginnt, plötzlich merkt, dass man seinen Inhalt längst kennt, da man in der Zwischenzeit andere Bücher gelesen hat, die davon sprachen, es zitierten oder sich im gleichen Vorstellungs- und Ideenraum bewegten. Und so, wie er einige höchst amüsante Analysen verschiedener literarischer Texte liefert, bei denen es um nie gelesene Bücher geht, von Musil bis Graham Greene, von Paul Valéry bis Anatole France und David Lodge, macht er auch mir die Ehre, ein ganzes Kapitel meinem *Namen der Rose* zu widmen, worin William von Baskerville demonstriert, wie gut er den Inhalt des zweiten Buches der *Poetik* von Aristoteles kennt, obwohl er es zum ersten Mal in der Hand hält, einfach weil er ihn aus anderen Werken von Aristoteles deduziert. Am Ende dieses Streichholzbriefes werden wir sehen, dass ich diese Stelle nicht aus bloßer Eitelkeit zitiere.

Die hinterlistigste These dieses polemischen Essays, der weniger paradox ist, als es scheint, lautet: Wir vergessen auch einen sehr hohen Prozentsatz der Bücher, die wir wirklich gelesen haben, beziehungsweise wir basteln uns eine Art virtuelles Bild nicht so sehr aus dem, was sie besagen, sondern aus dem, was wir davon im Gedächtnis behalten haben. So kommt es, dass wir, wenn jemand, der ein bestimmtes Buch nicht gelesen hat, daraus Passagen oder Situationen zitiert, die nicht existieren, sofort bereit sind zu glauben, dass sie in dem Buch stehen.

Im Grunde ist Bayard (und hier zeigt sich mehr der Psychoanalytiker als der Literaturwissenschaftler) nicht so sehr daran interessiert, dass die Leute die Bücher von anderen lesen, sondern eher, dass jede Lektüre (oder Nicht-Lektüre oder unvollkommene Lektüre) einen kreativen Aspekt haben sollte, insofern, um es mit einfachen Worten zu sagen, der Leser in ein Buch vor allem etwas Eigenes einbringen sollte. Weshalb eine Schule wünschenswert wäre, in der – da über nicht gelesene Bücher zu sprechen eine Art und Weise ist, sich selber kennenzulernen – die Schüler sich die Bücher »erfinden«, die sie nicht zu lesen brauchen.

Nur dass Bayard, um zu zeigen, wie beim Reden über nicht gelesene Bücher auch denen, die sie gelesen haben, falsche Zitate nicht auffallen, am Ende seines Buches gesteht, dass er in seinen Zusammenfassungen von *Der Name der Rose*, von Graham Greenes *Der dritte Mann* und von David Lodges *Ortswechsel* jeweils eine Fehlinformation eingefügt hat. Das Lustige daran ist, dass ich beim Lesen sofort den Fehler bei

Graham Greene bemerkt und bei David Lodge einen gewissen Zweifel gehabt, aber den Fehler in meinem eigenen Buch nicht bemerkt hatte. Was vermutlich heißt, dass ich Bayards Buch unaufmerksam gelesen oder (und sowohl er wie meine Leser wären befugt, dies zu vermuten) es nur durchgeblättert habe. Am interessantesten ist jedoch, dass Bayard sich nicht klargemacht hat, dass er, als er seine drei gewollten Fehler aufdeckte, implizit voraussetzte, dass es von den betreffenden Büchern jeweils eine Lektüre gebe, die richtiger als andere sei – mit der Folge, dass er die Bücher, die er zur Untermauerung seiner These der Nicht-Lektüre analysiert, einer sehr genauen Lektüre unterzieht. Der Widerspruch ist so evident, dass er den Verdacht weckt, Bayard könnte das Buch, das er geschrieben hat, womöglich nicht gelesen haben.

20. Juli 2007

Über die Instabilität
der Trägermedien

Letzten Sonntag, zum Abschluss einer großen Buchhändlertagung in Venedig, sprach man unter anderem über die Instabilität der Trägermedien, in denen Informationen gespeichert werden. Trägermedien zum Speichern geschriebener Informationen waren die altägyptische Stele, die Tontafel, der Papyrus, das Pergament und selbstverständlich das gedruckte Buch. Letzteres hat sich bisher als gut fünfhundert Jahre haltbar erwiesen, aber nur, wenn es sich um Bücher mit Leinenpapier handelt. Seit der Mitte des 19. Jahrhunderts ist man zum Holzschliffpapier übergegangen, und das hat offenbar eine Haltbarkeit von maximal sechzig Jahren (man braucht nur Zeitungen oder Bücher aus der Nachkriegszeit in die Hand zu nehmen, um zu sehen, wie viele von ihnen zerfasern, wenn man darin blättert). Daher werden seit langem Fachtagungen veranstaltet und verschiedene Methoden studiert, um die Bücher in unseren Bibliotheken zu retten, und eine der beliebtesten (aber fast unmöglich für alle existierenden Bücher zu realisierenden) ist die Digitalisierung, also das Einscannen aller Seiten und deren Speicherung auf einem elektronischen Datenträger.

Doch hier erhebt sich ein anderes Problem: Alle Datenträger zum Speichern von Informationen, vom Foto bis zur Filmrolle, von der Schallplatte bis zum USB-Stick, den wir in unserem Computer benutzen, sind weniger haltbar als das Buch. Von einigen wissen wir es schon: In den alten Audiokassetten verwickelte sich nach einer Weile das Band, man versuchte es mit einem Bleistift, den man in das kleine Loch einführte, wieder zu richten, aber meist ohne Erfolg; die Videokassetten verlieren nach einer Weile an Farbe und Schärfe, und wenn man sie zu oft benutzt und zu Studienzwecken vor- und zurücklaufen lässt, ruiniert man sie noch schneller. Bei den alten Vinylplatten hatten wir noch genug Zeit, um herauszufinden, wie oft man sie abspielen konnte, bis sie allzusehr krächzten, doch nicht bei der CD-ROM, die anfangs als tolle Erfindung begrüßt wurde, weil sie das Buch ersetzen könne, aber sehr bald wieder vom Markt verschwand, weil man dieselben Inhalte auch online und billiger haben konnte. Wir wissen noch nicht, wie lange die Filme auf DVD halten, wir wissen nur, dass sie manchmal schon Mucken machen, wenn man sie zu oft abspielt. Desgleichen hatten wir auch keine Zeit herauszufinden, wie lange die flexiblen Disketten oder Floppy Disks halten, weil sie alsbald durch CDs und wiederbeschreibbare CD-RWs ersetzt wurden und diese dann durch die allgegenwärtigen USB-Sticks. Mit dem Verschwinden der diversen Datenträger sind auch die Computer verschwunden, auf denen man sie lesen konnte (ich glaube nicht, dass noch jemand zu Hause einen alten Rechner mit Schlitz für Floppy Disks hat), und wer nicht rechtzeitig alle seine Daten auf den jeweils neuesten Träger kopiert (und so immer weiter, vermutlich alle zwei, drei Jahre), der hat sie unwiederbringlich verloren – es sei denn, er bewahrt sich im Keller ein halbes Dutzend alte Computer auf, einen für jeden verschwundenen Datenträger.

So gilt für alle mechanischen, elektrischen und elektronischen Datenträger: Entweder wissen wir, dass sie schnell obsolet werden, oder wir wissen noch nicht, wie lange sie halten, und werden es vermutlich nie erfahren.

Und schließlich genügt ein Kurzschluss, ein Blitzeinschlag im Garten oder ein noch viel banaleres Unglück, um ein elektronisches Speichermedium zu entmagnetisieren. Gäbe es mal einen längeren Blackout, könnte ich keine Festplatte mehr benutzen. Selbst wenn ich den ganzen *Don Quijote* in meinem elektronischen Gedächtnis gespeichert hätte, könnte ich ihn nicht bei Kerzenlicht lesen, nicht in einer Hängematte, in einem Boot, in der Badewanne oder auf einer Schaukel, wohingegen ein Buch mir das auch in unbequemsten Lagen erlaubt. Und wenn mir der Laptop oder das E-Book im fünften Stock aus dem Fenster fällt, kann ich mit mathematischer Sicherheit annehmen, dass ich alles verloren habe, wohingegen ein runtergefallenes Buch höchstens etwas zerknautscht wird.

Die modernen Datenträger scheinen alle mehr auf Verbreitung der Information als auf deren Sicherung und Bewahrung zu zielen. Das Buch hingegen war das Hauptmittel zur Verbreitung (man denke nur an die Rolle der gedruckten Bibel in der protestantischen Reformation), aber auch zur Sicherung und Bewahrung der Information. Es kann sein, dass in ein paar Jahrhunderten, wenn alle elektronischen Datenträger perdu sind, das einzige Mittel, um etwas über die Vergangenheit zu erfahren, noch immer ein schöner Wiegendruck ist, eine Inkunabel. Und von den modernen Büchern werden nur die mit hochwertigem Papier überleben oder die, die heute von vielen Verlagen mit säurefreiem Papier angeboten werden.

Ich bin kein verbohrter Traditionalist. Auf einer mobilen Festplatte mit zweihundertfünfzig Gigabyte habe ich mir die größten Meisterwerke der Weltliteratur und der Philosophiegeschichte gespeichert – es ist viel bequemer, sich da in wenigen Sekunden ein Zitat von Dante oder aus der *Summa Theologicae* zu holen, als aufzustehen und einen schweren Band aus einem zu hohen Regal zu wuchten. Aber ich bin froh, dass ich diese Bücher in meinen Regalen habe, als garantiertes Gedächtnis für den Fall, dass die elektronischen Instrumente irgendwann ihren Geist aufgeben.

6. Februar 2009

169

Stopp mich,
wenn du's schon weißt

Werke, in denen versucht wird, eine philosophische oder psychologische Definition des Komischen zu geben, sind eine Fundgrube für witzige Motti. Die besten jüdischen Witze finden sich in Sigmund Freuds *Der Witz und seine Beziehung zum Unbewußten,* und in Henri Bergsons Buch über das Lachen finden sich Perlen wie dieses Zitat von Labiche: »Halt! Gott allein hat das Recht, seinen Nächsten zu töten!« Doch in diesen Werken dient der zitierte Witz als Beispiel, um eine Theorie zu erklären.

Hier dagegen ein Buch, in dem Theorien als Vorwand dienen, um Witze zu erzählen: Jim Holt, *Senti questa. Piccola storia e filosofia della battuta di spirito** (Isbn Edizioni, 2009). Holt ist kein Philosoph, und er hat diese Seiten ursprünglich für den *New Yorker* geschrieben, der Originaltitel lautet frei übersetzt: »Stopp mich, wenn du's schon weißt«. Er zitiert darin auch gegensätzliche Theorien (die er, wie man sieht, alle gut kennt), um uns mit einer Flut von Witzen zu überschütten. Als Schullektüre ist sein Buch nicht zu empfehlen, weil er eine Vorliebe für besonders gepfefferte Witze hat. Außerdem zitiert er amerikanische Witze von der Art, wie sie von Comedians wie Lenny Bruce erzählt werden, die oft schwer zu verstehen sind, wenn man die Sprache und das Ambiente nicht

* »Hör mal den. Kleine Geschichte und Philosophie des Witzes«, nicht auf deutsch erschienen, Original: *Stop Me If You've Heard This. A History and Philosophy of Jokes*, New York 2008 (A. d. Ü.).

kennt. Zum Beispiel: »Warum wird New Jersey der Blumen-staat genannt? Weil es dort in jedem Viertel einen Rosenblum gibt.« Hierzu muss man wissen, dass Rosenblum ein jüdischer Name ist, der im Englischen an eine blühende Rose denken lässt, und dass in New Jersey viele Juden leben. Wer nicht in New York lebt, lacht darüber nicht.

Vergegenwärtigen wir uns also einmal die Schwierigkeiten, vor denen der Übersetzer dieses Buches steht, der bisweilen zu erklärenden Fußnoten greifen muss, und wie man weiß, ist nichts trister, als Witze zu erklären. Andererseits kann ich nicht umhin, auf eine fehlende Anmerkung hinzuwei-sen, wenn ein Witz zitiert wird, der sich darüber lustig macht, dass in der amerikanischen Episkopalkirche auch Schwule zu Priestern geweiht werden: »Warum dürfen die Episkopa-len nicht Schach spielen? Weil sie einen Läufer nicht von ei-ner Dame unterscheiden können.« So unkommentiert gibt der Witz nicht viel her, auch weil es falsch ist, dass die Schwu-len nicht zwischen Mann und Frau unterscheiden. Die An-merkung des Übersetzers erklärt, dass der Läufer im Engli-schen *bishop* heißt, was die Sache etwas logischer macht, da hier von kirchlichen Dingen die Rede ist. Aber sie versäumt anzufügen, dass *queen*, wie die Schach-Dame im Englischen heißt, im Slang einen Homosexuellen im verächtlichsten Sin-ne bezeichnet. Der Witz suggeriert also, dass die Angehörigen der amerikanischen Episkopalkirche »einen Bischof nicht von einer Tunte unterscheiden können«, was gewiss nicht poli-tisch korrekt, aber ziemlich ätzend ist.

Kurzum, Witze zu übersetzen kann ein mühsames Unter-fangen sein, aber dies gesagt, sind viele der Witze in diesem Buch sehr zum Lachen, und einige sind es wirklich wert, zi-tiert zu werden. Es gibt Witze in der altgriechischen Literatur

(»Wie soll ich Ihnen die Haare schneiden?«, fragt der Friseur, darauf der Kunde: »Schweigend!«), und Jim Holt zitiert einen, der unvollständig überliefert ist: Ein Bürger aus Abdera, einer Stadt, deren Bewohner für ihre Dummheit bekannt waren, fragt einen Eunuchen, wie viele Kinder er habe, und der antwortet, er habe keine, weil ihm die Fortpflanzungsorgane fehlten. Es fehlt aber auch die Antwort des Abderiten, was Holt bedauert. Ich schlage vor: »Was hat das damit zu tun? Auch ich habe Organe, die nicht funktionieren, und trotzdem hat meine Frau mir drei wunderschöne Kinder geschenkt.«

Schön sind das Kapitel über die *Facetiae* (Schnurren) von Poggio Bracciolini und die Anmerkungen darüber, wie die sexuellen Perversionen sogar einige sadistische Witze inspiriert haben, etwa den über die toten Kinder, die vor einigen Jahrzehnten in den Vereinigten Staaten umgingen (»Was ist rot und baumelt? Ein Kind, das an einem Fleischerhaken aufgehängt ist«). Gut auch die teilnahmsvolle Erinnerung an einen Anthropologen des Witzes wie Alan Dundes (zum Beispiel: »Was ist der erste sowjetische Preis für Autoren von Witzen über das Regime? Fünfzehn Jahre«) und an seine vielleicht zu scharfen Urteile über saudumme Elefantenwitze. Weiter unten finde ich sehr pfiffig: »Was sagt eine Schnecke, die auf dem Rücken einer Schildkröte reitet? Juu-huuu!«, und den könnte man sogar den Kindern erzählen. Schön auch der: »Kommt ein Typ in die Bar und sagt: Alle Bullen sind Arschlöcher. Ein Typ am Tresen zeigt sich nicht einverstanden. Wieso, bist du ein Bulle? fragt ihn der erste. Nein, sagt der andere, ich bin ein Arschloch.« Für die Kinder passt auch der über das Skelett, das in die Bar kommt (vielleicht dieselbe) und sich ein Bier bestellt und dazu einen Aufwischlappen für den Fußboden.

Da Holt vor nichts zurückschreckt, will ich auch den Witz

über den Gottesmord zitieren, der Leon Wieseltier zugeschrieben wird: »Wieso dieses ganze Durcheinander? Wir haben ihn doch bloß für ein paar Tage getötet!« Ich übergehe die logisch-philosophischen Witze, die nur ein spezialisiertes Publikum versteht. Ich bedauere nur, dass einer fehlt, der wirklich bei einem Kongress über Logik erzählt worden ist. Die Logikformel des Modus ponens lautet »Wenn P, dann Q«, und im Englischen sagt man phonetisch *if pi then kju*. Während des Kongresses geht einer der Teilnehmer zur Toilette und findet dort eine Schlange von Wartenden. Da sagt er: »If pee then queue«, was immer noch *if pi then kju* ausgesprochen wird, aber diesmal heißt: Wenn du pinkeln willst, musst du Schlange stehen.

29. Mai 2009

Festschrift

In der Akademikersprache ist eine Festschrift ein Band mit gescheiten Beiträgen, die Freunde und Schüler verfassen, um den runden Geburtstag eines Gelehrten zu feiern. Solch ein Band kann besondere Studien über das Werk des zu Feiernden versammeln, und dann verlangt er von den Beiträgern eine große Anstrengung und riskiert, dass nur die treuen Schüler mitmachen, nicht die berühmten Kollegen, die keine Zeit oder Lust haben, dem Geburtstagskind eine so engagierte Reflexion zu widmen. Oder aber, gerade um auch berühmte Namen mit dabeizuhaben, das Thema bleibt freigestellt, und die Beiträge werden nicht als »über Max Mustermann«, sondern »zu Ehren von Max Mustermann« präsentiert.

Wie man sich leicht vorstellen kann, besonders im zweiten Fall, ist ein Beitrag für eine Festschrift praktisch verloren, denn niemand wird je erfahren können, dass man einen Aufsatz über dieses spezifische Thema in diesem Sammelband geschrieben hat. In jedem Fall ist er ein Opfer, das man früher gern brachte, um dann seinen Aufsatz vielleicht noch einmal anderswo zu publizieren. Nur dass früher eine Festschrift gemacht wurde, wenn Professor Mustermann sein sechzigstes Lebensjahr vollendet hatte – was schon ein schönes Alter war, und wenn alles gut ging, starb er vor seinem siebzigsten. Heute riskiert Professor Mustermann dank des medizinischen Fortschritts, dass er neunzig wird, und von seinen Schülern wird erwartet, dass sie ihm eine Festschrift zum sechzigsten, zum siebzigsten, zum achtzigsten und zum neunzigsten Lebensjahr präsentieren.

Da überdies die internationalen Beziehungen im letzten halben Jahrhundert immer dichter geworden sind und jeder Gelehrte in direkten freundschaftlichen Beziehungen mit viel mehr Personen als früher steht, bekommt der durchschnittliche Akademiker jährlich mindestens zwanzig bis dreißig Anfragen respektive Ersuchen um einen Festschriftbeitrag für Kollegen in aller Welt, die glücklich ein biblisches Alter erreicht haben. Bedenkt man, dass solch ein Beitrag, um nicht knickerig auszusehen, mindestens zwanzig Seiten haben sollte, müsste jeder Akademiker im Schnitt sechshundert Seiten pro Jahr schreiben, alle möglichst originell, um sehr langlebige und hochgeschätzte Freunde zu ehren. Wie man verstehen wird, ist das unmöglich zu schaffen, doch eine Absage kann als Ausdruck mangelnder Achtung verstanden werden.

Es gibt nur zwei Arten, dieser Tragödie zu entgehen. Entweder zu verlangen, dass Festschriften erst für Achtzigjährige und aufwärts gemacht werden, oder es so zu machen wie ich, der inzwischen ein und denselben Aufsatz an jede beliebige Festschrift schickt (wobei ich nur die ersten zehn Zeilen und den Schluss ändere), und niemand hat es jemals bisher gemerkt.

7. März 2002

Der alte Holden

Zum Tod von Salinger gab es verschiedene Rückblicke auf seinen Roman *Der Fänger im Roggen* (der in der italienischen Fassung den Titel »Der junge Holden« trägt), und mir ist aufgefallen, dass sie in zwei Kategorien zerfielen: einerseits die emphatisch bewegten Erinnerungen derer, für die der Roman eine wunderbare Jugenderfahrung gewesen war, andererseits die kritischen Reflexionen derer, die ihn (weil zu jung oder zu alt) wie jeden anderen Roman gelesen hatten. Die des zweiten Typs waren allesamt ratlos und fragten sich, ob der Roman dauerhaft in die Literaturgeschichte eingehen wird oder nur Ausdruck einer bestimmten Epoche und Generation war. Dabei hat sich doch niemand solche Fragen gestellt, als er nach Saul Bellows Tod dessen *Herzog* noch einmal las oder nach Norman Mailers Tod *Die Nackten und die Toten*. Warum jetzt beim *Fänger im Roggen*?

Ich glaube, ich bin ein gutes Versuchskaninchen. Der Roman erschien 1951, kam ein Jahr später auf Italienisch bei Casini mit dem wenig einladenden Titel *Vita da uomo* [Leben als Mann] heraus, blieb jahrelang so gut wie unbemerkt und hatte erst Erfolg, als er 1961 bei Einaudi unter dem Titel *Il giovane Holden* erneut herauskam. Nun wurde er zur Proust'schen Madeleine für die Teenager der sechziger Jahre. Ich war damals knapp dreißig, war mit Joyce beschäftigt, und Salinger ist mir entgangen. Ich habe ihn erst vor zehn Jahren gelesen, quasi aus Pflichtgefühl, und er hat mich kaltgelassen. Wie kann das sein?

Zum einen erinnerte er mich nicht an irgendeine pubertäre Leidenschaft; zum anderen war vermutlich die Jugendsprache, die er so originell benutzte, inzwischen überholt (man weiß ja, die Jugendlichen ändern ihren Jargon alle Vierteljahre) und klang daher falsch; und schließlich hatte der »Salinger-Stil« von den sechziger Jahren bis heute so großen Erfolg und ist in so vielen anderen Romanen nachgemacht worden, dass er mir nur maniriert erscheinen konnte und jedenfalls überhaupt nicht originell und provokant. Der Roman war uninteressant geworden, gerade weil er so großen Erfolg gehabt hatte.

Dies führt zu der Frage, wieviel in der sogenannten Erfolgsgeschichte eines Werkes die äußeren Umstände zählen, der historische Kontext, in dem es erscheint, und der Bezug zum Leben des Lesers. Ein Beispiel auf anderem Niveau: Ich gehöre nicht zur *Tex generation* und bin immer verwundert, wenn jemand von sich sagt, er sei mit dem Mythos von Tex[*] aufgewachsen. Die Erklärung ist einfach: Tex erschien erstmals 1948, und zu der Zeit hatte ich, mittlerweile Gymnasiast, schon aufgehört, Comics zu lesen, um erst mit etwa dreißig wieder anzufangen, zur Zeit von Charlie Brown, der Wiederentdeckung von Klassikern wie Dick Tracy oder Krazy Kat und des Beginns der großen italienischen Tradition mit Crepax und Hugo Pratt. In gleicher Weise war mein Jacovitti der von Pippo, Pertica und Palla (vierziger Jahre) und nicht der von Cocco Bill.

Aber hüten wir uns, alles auf persönliche Probleme zu reduzieren. Selbstverständlich kann jemand die *Göttliche Komödie* hassen, weil er zu der Zeit, als er sie studieren musste, gerade eine schreckliche Liebesenttäuschung erlitt, aber das

[*] Eine sehr langjährige italienische Comic-Serie (A. d. Ü.).

kann auch bei den Filmen von Totò oder Chaplin passieren. Doch man soll auch nicht dem pseudo-dekonstruktivistischen Fehler erliegen zu meinen, ein Text habe keinen eigenständigen Sinn und alles hänge davon ab, wie ihn der Leser interpretiere. Man kann traurig werden, wenn man sich an den Film *Totò, Peppino e la malafemmina* erinnert, weil einem genau an dem Tag, als man ihn ansehen ging, das geliebte Mädchen den Laufpass gegeben hat, aber das schließt nicht aus, dass man bei einer unvoreingenommenen Analyse die Episode des Briefes an Dorian Gray als ein Meisterwerk an Rhythmus und Dosierung der komischen Effekte erkennt.

Wenn also der künstlerische Wert eines Werkes unabhängig von den persönlichen Umständen seiner Rezeption beurteilt werden kann, bleibt die Frage nach den Gründen seines Erfolgs oder Misserfolgs in einer bestimmten Epoche. Wie sehr kann der Erfolg eines Buches an die Zeit (und den kulturellen Kontext) seines Erscheinens gebunden sein? Warum fasziniert *Der Fänger im Roggen* die jungen Amerikaner zu Beginn der fünfziger Jahre, nicht aber die jungen Italiener derselben Zeit, die ihn erst zehn Jahre später entdecken? Sicher genügt es hier nicht, an das größere verlegerische Prestige und die besseren Vertriebsmöglichkeiten von Einaudi gegenüber denen des kleinen Verlags Casini zu denken.

Ich könnte noch viele Werke zitieren, die große Beliebtheit beim Publikum und hohe Wertschätzung bei der Kritik erreicht haben, was sie nicht geschafft hätten, wenn sie zehn Jahre früher oder zehn Jahre später erschienen wären. Manche Werke müssen genau im richtigen Zeitpunkt erscheinen. Und seit der griechischen Philosophie wissen wir, dass der »richtige Zeitpunkt« oder *kairós* ein ernstes Problem darstellt. Zu behaupten, dass ein Werk im richtigen Zeitpunkt erscheint oder nicht erscheint, heißt ja nicht, erklären zu können, warum gerade dieser Zeitpunkt der richtige ist. Das Problem ist so unlösbar wie das der Voraussage, wo am Mittwoch ein Tischtennisball sein wird, den wir am Montag den Wellen des Meeres anvertraut haben.

5. Februar 2010

Teufel von einem Aristoteles

Soeben ist in Italien ein kurioses Buch von Peter Leeson erschienen, *L'economia secondo i pirati. Il fascino segreto del capitalismo* (Garzanti, 2010),* in dem der Autor, ein amerikanischer Historiker des Kapitalismus, die Grundprinzipien der modernen Ökonomie und Demokratie erklärt, wobei er als Modell die Besatzungen der Piratenschiffe des 17. Jahrhunderts nimmt (jawohl, genau die des *Corsaro Nero* und *Pietro l'Olonese*,** mit der Totenkopfflagge, die am Anfang nicht schwarz, sondern rot war, daher der Name *Jolie rouge*, der im Englischen dann zu *Jolly Roger* verballhornt worden ist).

Leeson zeigt, dass die Freibeuterei mit ihren ehernen Gesetzen, an die sich jeder gute Pirat zu halten hatte, eine »aufgeklärte«, demokratische, egalitäre und zur Vielfalt offene Organisation war – kurz gesagt: ein perfektes Modell der kapitalistischen Gesellschaft.

Über diese Themen ergeht sich auch Giulio Giorello in seinem Vorwort, und deshalb werde ich mich nicht mit dem beschäftigen, was Leesons Buch sagt, sondern mit ein paar Ideen, auf die es mich gebracht hat. Teufel auch: Wer sogar, ohne schon etwas vom Kapitalismus wissen zu können, eine Parallele zwischen Piraten und Seehändlern (also freien Unternehmern, Modellen des künftigen Kapitalismus) gezogen hat, war Aristoteles!

---

* Deutsch bisher nicht erschienen, Original: *The Invisible Hook: The Hidden Economics of Pirates*, Princeton University Press, 2009 (A. d. Ü.).
** Romane von Emilio Salgari, dem »italienischen Karl May« (A. d. Ü.).

Aristoteles hat das Verdienst, als erster die Metapher definiert zu haben, sowohl in seiner *Poetik* als auch in seiner *Rhetorik*, und in diesen erstmaligen Definitionen hielt er fest, dass die Metapher nicht bloß ein Ornament ist, sondern eine Form der Erkenntnis. Das war keine Kleinigkeit, denn in den folgenden Jahrhunderten galt die Metapher lange nur als ein Mittel zur Verschönerung der Rede, ohne etwas am Wesen der besprochenen Sache zu ändern, und noch heute sehen manche sie so.

In seiner *Poetik* erklärte Aristoteles, gute Metaphern zu verstehen heiße, »das Ähnliche oder den passenden Begriff zu erkennen«. Das Verb, das er dabei für »erkennen« benutzte, war *theorein*, hinsehen, erforschen, vergleichen, beurteilen. Auf diese erkenntnisfördernde Funktion der Metapher ist er dann ausführlicher in seiner *Rhetorik* zurückgekommen, wo er erklärte, dass angenehm ist, was Bewunderung hervorruft, weil es uns unerwartete Analogien entdecken lässt, indem es uns etwas »vor Augen führt« (so drückte er sich aus), was wir bisher nicht gesehen hatten, so dass wir geneigt sind zu sagen: »Sieh an, so also ist es, das hatten wir nicht gewusst!«

Mit anderen Worten, Aristoteles wies guten Metaphern eine geradezu wissenschaftliche Funktion zu, mochte es sich dabei auch um eine Wissenschaft handeln, die nicht darin bestand, etwas schon Vorhandenes zu entdecken, sondern etwas sozusagen erstmals in Erscheinung treten zu lassen, in einer neuen Art, die Welt zu betrachten.

Und was war eines der überzeugendsten Beispiele für eine Metapher, die uns etwas erstmals vor Augen führt? Eine Metapher (von der ich nicht weiß, wo Aristoteles sie gefunden hatte), in der die Piraten »Versorger« und »Lieferanten« genannt wurden. Wie bei anderen Metaphern legte Aristoteles damit nahe, dass man bei zwei anscheinend unvereinbaren Dingen zumindest eine gemeinsame Eigenschaft herausfinden müsse, um dann die beiden verschiedenen Dinge als Unterarten derselben Gattung zu betrachten.

Obwohl die Seehändler gewöhnlich als brave Personen galten, die zur See fuhren, um ihre Waren zu transportieren und legal zu verkaufen, während die Piraten üble Burschen waren, die genau diese Schiffe der Seehändler überfielen und ausraubten, legte die Metapher nahe, dass Piraten und Seehändler insofern vergleichbar seien, als sie beide den Transfer von Waren aus einer Quelle zu einem Verbraucher betrieben. Unbezweifelbar waren die Piraten bemüht, sobald sie ihre Opfer beraubt hatten, die eroberten Güter irgendwo zu verkaufen, und folglich waren sie Transporteure, Versorger und Lieferanten von Waren – auch wenn sich ihre Kunden vermutlich des illegalen Erwerbs schuldig machten. In jedem Fall weckte diese plötzliche Ähnlichkeit zwischen Händlern und Räubern eine ganze Reihe von Zweifeln, durch die der Leser schließlich dazu gelangte zu sagen: »Tatsächlich, so ist es, und vorher hatte ich es falsch gesehen!«

Einerseits zwang die Metapher dazu, die Rolle der Piraten in der mediterranen Ökonomie neu zu bedenken, andererseits weckte sie argwöhnische Reflexionen über die Rolle und die Methoden der Kaufleute. Mit einem Wort, diese Metapher nahm für Aristoteles vorweg, was später Brecht sagen sollte: »Was ist ein Einbruch in eine Bank gegen die Gründung einer Bank?« – und natürlich konnte der gute Stagirit nicht wissen, dass Brechts scheinbar nur freches Bonmot noch etwas später in höchstem Maße beunruhigend klingen sollte, nämlich im Lichte dessen, was sich in letzter Zeit auf dem internationalen Finanzmarkt abgespielt hat.

Kurzum, man muss nicht behaupten, dass Aristoteles (der als Ratgeber eines Monarchen fungierte) wie Marx gedacht hätte, aber man wird verstehen, wie sehr mich diese Piratengeschichte erheitert hat. Teufel von einem Aristoteles!

15. Oktober 2010

Montale und der Holunder

In dem liebenswerten Büchlein *Montale e la Volpe*[*] erzählt Maria Luisa Spaziani Episoden aus ihrer langjährigen Freund- und Seelenverwandtschaft mit Eugenio Montale. Eine davon sollte man in der Schule durchnehmen. Sie geht so: Spaziani und Montale kommen an einem blühenden Holunderbusch vorbei, einer Pflanze, deren Blüten Spaziani immer geliebt hatte, denn »wenn man sie aufmerksam ansieht, kann man darin einen nächtlichen Sternenhimmel mit winzigen Strahlenknospen erkennen, einen Zauber«. Und vielleicht deshalb, schreibt sie, ist ihr unter Montales Gedichten, die sie seit jeher auswendig kann, ein Vers mit besonderem Akzent der liebste: »*Alte tremano guglie di sambuchi*« [Hoch zittern Spitztürmchen der Holunderbüsche].

Montale sieht Spaziani begeistert vor dem Holunder stehen und sagt: »Was für eine schöne Blume«, um dann aber zu fragen, welche es denn sei, womit er der Freundin »einen Schrei wie von einem verwundeten Tier« entlockt. Wie das, der Dichter hatte den Holunder in ein so wunderbares poetisches Bild gefasst und war nicht imstande, einen Holunder in Natur zu erkennen? Montale rechtfertigte sich: »Nun ja, weißt du, Dichtung macht man eben mit Worten.« Ich finde, diese Anekdote eignet sich bestens, um den Unterschied zwischen Poesie und Prosa zu kennzeichnen.

---

[*] »Montale und die Füchsin«, Mondadori 2011, deutsch bisher nicht erschienen (A. d. Ü.).

Prosa spricht von realen (oder als real vorgestellten) Dingen, und wenn ein Erzähler einen Holunder in seine Geschichte einführt, muss er wissen, was das ist, und ihn gebührend beschreiben, sonst braucht er ihn gar nicht erst zu erwähnen. In der Prosa gilt: *rem tene, verba sequentur*, hast du die Sache, dann folgen die Worte, kennst du dich gut in den Dingen aus, über die du sprechen willst, dann findest du auch die passenden Worte. Manzoni hätte seinen Roman nicht mit jenem glänzenden Anfang beginnen können (der übrigens ein Neunsilbler ist: *Quel ramo del lago di Como**) und dann eine kantable Landschaftsbeschreibung folgen lassen, wenn er nicht zuvor die beiden ununterbrochenen Bergketten lange betrachtet hätte, desgleichen das Vorgebirge zur Rechten und den weiten Küstenstrich auf der anderen Seite und die Brücke, welche die beiden Ufer verbindet, zu schweigen vom Resegone. In der Poesie ist es genau umgekehrt, man verliebt sich zuerst in Worte, und der Rest ergibt sich von selber, *verba tene, res sequentur*.

Hat Montale sie also nie gesehen, die für seine Gedichte so typischen »Nebensachen«: die winzigen Erntehaufen, die Algen mit Seesternen, die Stachelgewächse, die gestutzte Klebsamenhecke, die Flaumfeder voller Vogelleim, die zerbrochenen Flachziegel, den verrückten Kohlweißling, den Chor der Steinhühner, die Furlana und den Rigaudon? Wer weiß, aber dies eben ist der Wert der Worte in der Poesie, wo der gestaute Bach *gorgoglia* [gurgelt], weil er sich mit der eingerollten dürren *foglia* [Laubblatt] reimen muss, andernfalls hätte er auch strudeln, gluckern, plätschern, seufzen oder nach Luft

---

* »Jener Arm des Comer Sees«, Anfang von Alessandro Manzonis Roman *Die Brautleute*, Hanser 2000 (A. d. Ü.).

schnappen können, während eine rein dichterische Notwendigkeit es eben wollte, dass der Fluss wunderbar gurgelt und so »für immer bleibt / eines der Dinge, die in einem Kreis / sich schließen wie der Tag, und die das Gedächtnis / lässt wachsen«.[*]

21. Dezember 2011

[*] Eugenio Montale, *Gedichte. 1920–1954*, deutsch von Hanno Helbling, Hanser 1987, hier: »Alte Verse«, V, 6–8, S. 201 (A. d. Ü.).

Lügen und so tun, als ob

Manchen Lesern ist vielleicht aufgefallen, dass ich mich in letzter Zeit mehrmals mit Lügen beschäftigt habe. Das lag daran, dass ich an der Ausarbeitung eines Vortrags saß, den ich letzten Montag im Rahmen der Mailänder Kulturwochen *Milanesiana* gehalten habe, die dieses Jahr dem Thema »Lüge und Wahrheit« gewidmet sind, wobei ich auch über die erzählerische Fiktion gesprochen habe. Ist ein Roman ein Fall von Lüge? Auf den ersten Blick scheint es so – wenn Manzoni behauptet, dass ein gewisser Don Abbondio in der Nähe von Lecco auf zwei Bravi gestoßen sei, könnte man darin eine Lüge sehen, denn Manzoni wusste genau, dass er etwas Erfundenes erzählte. Aber Manzoni hatte nicht die Absicht zu lügen, er *tat so, als ob* das, was er erzählte, wirklich geschehen wäre, und lud uns ein, bei diesem *So tun, als ob* mitzumachen, also an seiner Fiktion teilzunehmen, ganz so, wie wir es hinnehmen, wenn ein Kind einen Stock schwingt und so tut, als sei er ein Schwert.

Natürlich verlangt die erzählerische Fiktion, dass bestimmte Fiktionssignale ausgesandt werden, die von dem Wort »Roman« auf dem Umschlag bis zu Anfängen wie »Es war einmal…« gehen, aber oft beginnt sie auch mit einem falschen Wahrheitssignal. Hier ein Beispiel: »Herr Lemuel Gulliver … kaufte vor etwa drei Jahren, des Zusammenlaufens von Neugierigen vor seinem Hause in Redriff müde, ein kleines Landgut und ein bequemes Haus bei Newark in der Grafschaft Nottingham … Ehe er Redriff verließ, vertraute er mir die folgenden Blätter an … Ich habe sie sorgfältig dreimal durchgelesen und muss sagen … durch das ganze Werk weht ein Geist der Wahrheit, und der Verfasser selbst war für seine Wahrheitsliebe so bekannt, dass es unter seinen Nachbarn zu einer sprichwörtlichen Redensart wurde zu sagen: ›Das ist so wahr, als hätte Herr Gulliver es gesagt …‹«

Auf der Titelseite der Erstausgabe von *Gullivers Reisen* steht nicht der Name Swift als Autor einer Fiktion, sondern der Name Gulliver als angeblich echter Autobiograph. Vielleicht lassen sich die Leser dadurch nicht täuschen, denn seit den *Wahren Geschichten* von Lukian klingen übertriebene Wahrheitsbeteuerungen längst wie Fiktionssignale, aber nicht selten vermischen sich in einem Roman erfundene Fakten und Bezugnahmen auf die reale Welt so eng, dass viele Leser die Orientierung verlieren.

So kommt es dann, dass sie die Romane so ernst nehmen, als hätten sie es mit wirklich geschehenen Dingen zu tun, und dass sie die Meinungen der Personen dem Autor zuschreiben. Und als Romanautor kann ich versichern, dass man beim Überschreiten der Schwelle von, sagen wir, zehntausend verkauften Exemplaren von einer mit der Erzählfiktion mehr oder minder vertrauten Leserschaft zu einem ganz ungeübten, wildwüchsigen Publikum übergeht, das den Roman wie eine Abfolge wahrer Aussagen liest und genauso darauf reagiert, wie die Kinder im Kaspertheater, wenn sie den Teufel beschimpfen – oder auch die Erwachsenen im sizilianischen Puppentheater den Verräter Ganelon.

In meinem Roman *Das Foucaultsche Pendel* sagt der Verlagslektor Diotallevi in Kapitel 5 spöttisch zu seinem Freund Belbo, der andauernd vor dem Computer hockt: »Die Große Maschine existiert, gewiss, aber sie ist nicht in deinem Silikontal produziert worden.« Für Silikontal hatte ich *valle del silicone* geschrieben, woraufhin ein Kollege, der Naturwissenschaften unterrichtet, mich sarkastisch darauf hinwies, dass man *Silicon Valley* im Italienischen mit *Valle del Silicio* übersetzt. Ich antwortete ihm, ich wisse sehr gut, dass Computer mit Silizium (englisch *silicon*) gemacht werden, was er, hätte er weitergelesen, in Kapitel 41 hätte sehen können, wo Signor Garamond zu Belbo sagt, er solle in der *Geschichte der Metalle* auch die Computer behandeln, weil sie mit Silizium gemacht würden, worauf ihm Belbo erwidert: »Aber Silizium ist kein Metall, sondern ein Metalloid.« Und ich antwortete dem Kollegen weiter, dass an der Stelle in Kapitel 5 erstens nicht ich spreche, sondern meine Figur Diotallevi, die durchaus das Recht hat, nicht zu wissen, wie Silizium richtig auf Italienisch heißt, aber dass zweitens doch klar ist, dass Diotallevi sich dort über die schlechten Übersetzungen aus dem Englischen mokiert, so wie wenn jemand *hot dog* mit »heißer Hund« übersetzt.

Mein Kollege (der den Geisteswissenschaftlern misstraute) lächelte skeptisch und hielt meine Erklärung für eine armselige Ausrede.

Hier haben wir den Fall eines Lesers, der zwar gebildet ist, aber erstens nicht einen Roman als ganzen zu lesen versteht, sondern die verschiedenen Teile je einzeln nimmt, zweitens keinen Sinn für Ironie hat und drittens nicht zwischen der Meinung des Autors und der seiner Personen unterscheidet. Ein solcher Nicht-Geisteswissenschaftler kann mit dem Begriff des *So tun, als ob* nichts anfangen.

8. Juli 2011

Unglauben und Identifikation

Letztes Mal erinnerte ich daran, dass es sehr vielen Lesern schwerfällt, in einem Roman die Wirklichkeit von der Fiktion zu unterscheiden, weshalb sie dazu neigen, dem Autor die Gedanken und Gefühle seiner Personen zuzuschreiben. Wie zur Bestätigung stoße ich jetzt auf eine Seite im Internet, die Gedanken diverser Autoren auflistet, und unter den »Sätzen von Umberto Eco« finde ich diesen: »Der Italiener ist treulos, verlogen, feige, verräterisch, ihm liegt der Dolch mehr als der Degen, das Gift mehr als das Medikament, er ist glatt wie ein Aal beim Verhandeln und kohärent nur im Seitenwechsel bei jeder Drehung des Windes.« Nicht dass daran nicht auch etwas Wahres wäre, aber es handelt sich um einen jahrhundertealten Gemeinplatz, der von ausländischen Autoren in Umlauf gebracht worden ist, und in meinem Roman *Der Friedhof in Prag* äußert ihn jemand, der auf den vorangegangenen Seiten rassistische Vorurteile am laufenden Meter von sich gegeben hat und vor keinem Klischee zurückschreckt. Ich werde mich künftig bemühen, nie mehr banale Personen reden zu lassen, sonst werden mir eines Tages womöglich noch Philosopheme wie »Die Mama gibt es nur einmal« zugeschrieben.

Nun lese ich die letzte Kolumne von Eugenio Scalfari,[*] in der er meinen vorangegangenen Streichholzbrief aufgreift und ein neues Problem anspricht. Er stimmt mir zu, dass es Leute

---

[*] Gründer und langjähriger Herausgeber der Zeitung *La Repubblica*, der ebenfalls alle zwei Wochen eine Kolumne im *Espresso* schreibt (A. d. Ü.).

gibt, die erzählerisch Erfundenes mit der Realität verwechseln, aber er ist der Meinung (und meint zu Recht, dass auch ich dieser Meinung bin), dass die erzählerische Fiktion wahrer als das Wahre sein kann, dass sie zu Identifikationen anregen, die Erkenntnis historischer Phänomene fördern, neue Arten von Gefühlen schaffen kann et cetera. Und wer wollte einer solchen Meinung nicht zustimmen?

Mehr noch, die erzählerische Fiktion erlaubt auch ästhetische Experimente: Ein Leser kann sehr wohl wissen, dass es Madame Bovary nie gegeben hat, und trotzdem die Art und Weise genießen, wie Flaubert seine Person geschaffen hat. Doch gerade die ästhetische Dimension verweist als ihr Gegenteil auf die »alethische« Funktion, die mit jenem Begriff von Wahrheit (griech. *alethe*) zu tun hat, der von Logikern und Naturwissenschaftlern geteilt wird sowie auch von Richtern, die in Gerichtsprozessen entscheiden müssen, ob ein Zeuge wahrheitsgemäß ausgesagt hat. Es handelt sich um zwei ganz verschiedene Dimensionen, und wehe, wenn sich ein Richter bei seinem Urteil davon beeinflussen ließe, dass ein Beschuldigter seine Lügen ästhetisch schön erzählt hat! Ich habe mich mit der alethischen Dimension beschäftigt, wobei meine Überlegung in einer Diskussion über Falsches und Lüge entstanden war. Ist es falsch zu sagen, dass eine Lotion von Vanna Marchi den Haarwuchs fördert? Ja. Ist es falsch zu sagen, dass Don Abbondio zwei Angehörigen der Bravi begegnet? Aus »alethischer« Sicht ja, aber der Erzähler will uns nicht sagen, dass das, was er uns erzählt, tatsächlich wahr ist, sondern er *tut so, als ob* es wahr sei, und bittet uns, ihm darin zu folgen. Er bittet uns, wie Coleridge empfahl, um »willentliche Aussetzung unseres Unglaubens« *(willing suspension of disbelief)*.

Scalfari nennt Goethes *Werther*, und wir wissen, wie viele romantische Jugendliche sich damals umgebracht haben, um sich mit der Hauptfigur zu identifizieren. Hatten sie die Geschichte etwa für wahr gehalten? Das ist gar nicht nötig, wir wissen ja auch, dass es Emma Bovary nie gegeben hat, und dennoch bewegt uns ihr Schicksal zu Tränen. Man gibt zu, dass eine Fiktion eine Fiktion ist, und trotzdem identifiziert man sich mit der Hauptperson.

Denn wir ahnen, dass auch wenn Madame Bovary nie real existiert hat, es doch viele Frauen wie sie gegeben hat und wir vielleicht auch ein bisschen wie sie sind, und so ziehen wir aus ihrer Geschichte eine Lehre über das Leben allgemein und über uns selbst. Die alten Griechen glaubten, dass die Dinge, die Ödipus widerfahren sind, wirklich geschehen seien, und nahmen sie zum Anlass, um über das Schicksal nachzudenken. Freud wusste sehr wohl, dass Ödipus nie existiert hatte, doch er las seine Geschichte als eine Lehre über das, was im Unbewussten vorgeht.

Was aber geschieht nun bei jenen Lesern, die partout nicht imstande sind, zwischen Fiktion und Realität zu unterscheiden? Für sie gibt es keine ästhetischen Wertungen, denn sie sind dermaßen darum bemüht, die Geschichte ernst zu nehmen, dass sie sich nicht fragen, ob sie gut oder schlecht erzählt ist. Sie suchen weder nach Lehren, noch identifizieren sie sich mit Personen. Sie bekunden einfach das, was ich ein fiktionales Defizit nennen möchte, sie sind unfähig, ihren »Unglauben willentlich auszusetzen«. Da diese Leser viel zahlreicher sind, als wir meinen, lohnt sich die Beschäftigung mit ihnen gerade deshalb, weil wir wissen, dass ihnen alle anderen ästhetischen und moralischen Fragen entgehen.

21. Juli 2011

Wer hat Angst vor Papiertigern?

Anfang der sechziger Jahre hatte Marshall McLuhan einige tiefgreifende Veränderungen in unserer Art zu denken und zu kommunizieren vorausgesehen. Eine seiner Intuitionen war, dass wir uns anschickten, in ein globales Dorf einzutreten, und sicher haben sich im Zeitalter des Internets viele seiner Voraussagungen bewahrheitet. Aber nachdem er in seinem Buch *Die Gutenberg-Galaxis* den Einfluss der Presse auf die Entwicklung der Kultur und unsere individuelle Sensibilität analysiert hatte, sagte McLuhan in *Understanding Media* und anderen Werken den Untergang der Alphabetschrift und die Vorherrschaft des Bildes voraus – was dann die Massenmedien extrem vereinfachend übersetzten mit: »Man wird nicht mehr lesen, sondern nur noch Fernsehen gucken (oder die stroboskopischen Bilder in Diskotheken).«

McLuhan starb Ende 1980, gerade als die Heimcomputer sich anschickten, Einzug in unsere Alltagswelt zu halten (die ersten noch halb experimentellen Modelle erschienen Ende der siebziger Jahre, aber der Massenmarkt begann 1981 mit dem IBM-PC), und hätte McLuhan noch ein paar Jahre länger gelebt, so hätte er zugeben müssen, dass in einer scheinbar von Bildern beherrschten Gesellschaft eine neue Schriftkultur aufzukommen begann – auf einem PC muss man entweder lesen und schreiben können, oder man bringt nicht viel zustande. Es stimmt zwar, dass heute die Kinder schon im Vorschulalter mit einem iPad umgehen können, aber die gesamte Information, die wir via Internet, E-Mail und SMS erhalten, basiert auf Kenntnis der Alphabetschrift. Mit dem Computer hat sich die Lage perfektioniert, die in Victor Hugos *Der Glöckner von Nôtre-Dame* der Kanonikus Frollo voraussagt, als er zuerst auf ein Buch zeigt und dann auf die reich mit Bildern und anderen visuellen Symbolen ausgestattete Kathedrale vor seinem Fenster und sagt: »Dies wird jenes töten.« Der Computer hat sich mit seinen multimedialen Links zweifellos als *das* Instrument des globalen Dorfes erwiesen, und er ist imstande, sogar das »Jenes« der gotischen Kathedrale wiederzubeleben, aber er stützt sich grundlegend auf neugutenbergische Prinzipien.

Nach der Rückkehr zum Alphabet hat sich jedoch mit der Erfindung des E-Books die Möglichkeit ergeben, alphabetisch geschriebene Texte nicht mehr auf Papier zu lesen, sondern auf einem Bildschirm; daher kam es zu einer neuen Serie von Prophezeiungen über das Verschwinden des Buches und der Zeitungen (zum Teil durch Absatzeinbrüche angeregt). So ist es seit Jahren ein Lieblingssport jedes phantasielosen Journalisten, Männer und Frauen der Feder zu fragen, wie sie die Zukunft des Buches sehen und was sie zum Verschwinden des Datenträgers Papier sagen. Und es genügt nicht, darauf hinzuweisen, dass das Buch immer noch grundlegende Bedeutung für den Transport und die Aufbewahrung der Information hat, dass wissenschaftlich erwiesen ist, dass vor fünfhundert Jahren gedruckte Bücher wunderbar erhalten geblieben sind, während wir keine entsprechenden Beweise dafür haben, dass die heute gebräuchlichen elektronischen Datenträger mehr als zehn Jahre überleben (und wir können es auch nicht überprüfen, da unsere heutigen Computer keine Floppy-Disks aus den achtziger Jahren mehr lesen können).

Hier nun jedoch ein paar verstörende Neuerungen, von denen die Zeitungen zwar schon Notiz genommen, aber deren Bedeutung und Konsequenzen wir noch nicht erfasst haben. Im August hat Jeff Bezos, der Gründer und Chef von Amazon, sich die *Washington Post* gekauft, und während überall das baldige Ende der auf Papier gedruckten Tageszeitung beschrien wird, hat Warren Buffett vor kurzem ganze dreiundsechzig Lokalzeitungen erworben. Wie neulich Federico Rampini in der *Repubblica* bemerkte, ist Buffett ein Gigant der Old Economy und kein Erneuerer, aber er hat eine gute Nase für Gelegenheitsinvestitionen. Und wie es scheint, interessieren sich auch andere Haie aus Silicon Valley für Zeitungen.

Rampini fragte sich, ob nicht vielleicht einer wie Bill Gates oder Mark Zuckerberg den finalen Coup machen wird, indem er sich die *New York Times* kauft. Auch wenn es nicht dazu kommt, ist klar, dass die Welt des Digitalen gerade das Papier wiederentdeckt. Kommerzielles Kalkül, politische Spekulation, Wunsch, die Presse als Hort der Demokratie zu bewahren? Ich weiß noch nicht recht, wie man diesen Trend interpretieren soll. Aber es scheint mir interessant, dass wir einem erneuten Umkippen der Prophezeiungen beiwohnen. Vielleicht hatte Mao unrecht: Nehmt die Papiertiger ernst!

7. November 2013

VII

Von frech und doof
bis absurd und irre

Eine Amerikanerin in Rom

Alice Oxman hat einige Handicaps. Sie ist Amerikanerin, und das kann der radikalen Linken missfallen, aber sie hat nicht an dem USA-Day teilgenommen, bei dem Damen in amerikanische Flaggen gehüllt auftraten, und das dürfte sie für die rechte Zeitung *Il Foglio* verhasst gemacht haben. Sie ist Jüdin, und das kann in diesen Tagen vielen missfallen, Rechten wie Linken. Sie ist eine Linke, und das missfällt den Rechten. Außerdem ist sie die Frau des Senators Furio Colombo, und das kann Misstrauen bei Rechten wie Linken wecken. Zum Glück ist sie nicht auch noch hässlich.

Natürlich ist daher ihr Buch *Sotto Berlusconi. Diario di un'americana a Roma 2001–2006* * (Editori Riuniti, 2007) ein bitteres Buch. Es ist bitter, wenn es in der ersten Person spricht, zum Beispiel indem es den Mailwechsel mit ihrer Tochter wiedergibt, die den 11. September (und die Zeit danach) in New York erlebt hat, und es ist bitter, wenn es von den journalistischen Erfahrungen ihres Mannes spricht (die vielleicht etwas zu oft zitiert werden und den Verdacht eines Interessenkonflikts wecken können), aber es ist vor allem dann bitter und geradezu ätzend, wenn es sich darauf beschränkt, kommentarlos Presseauszüge und Agenturmeldungen zu zitieren. Damit liefert es den Vergesslichen ein erschütterndes Dokument über eine der dunkelsten und groteskesten Perio-

---

* »Unter Berlusconi. Tagebuch einer Amerikanerin in Rom, 2001–2006«, deutsch nicht erschienen (A. d. Ü.).

den unserer Geschichte. Ich begnüge mich mit einer kleinen Blütenlese.

2001. »Ich werde das Land von dieser Pestbeule der Richterschaft befreien« (Carlo Taormina, Vize-Fraktionschef der Berlusconi-Partei Forza Italia). »›Genoa is so nice‹. Mr. President, draußen ist Krieg, und auf der Straße liegt ein Toter. ›Oh yes, I know, it's tragic‹« (George W. Bush beim Gipfeltreffen der G8). »Das ist ein Religionskrieg« (Oriana Fallaci). »Es besteht eine vollständige Identität der Ansichten von Bush und Berlusconi« (TG 2 *).

2002. »Hier auf Sardinien habe ich die Töchter meines Freundes Putin« (Berlusconi). »Für Porto Rotondo zeichnet sich ein künftiges italienisches Camp David ab« (das Nachrichtenmagazin *Panorama*). »Im Süden folgen sie mir in Prozession, singend, wie bei Heiligen« (Berlusconi in RAI 1).

2003. »Apicella stimmt die Gitarre, schlägt ein paar Töne an, und schon legt er, der schlagertextende Präsident, lauthals los. Die Gefühls- und Musikwelt des Ministerpräsidenten ist genau diese: Er ist der Julio Iglesias von Italien« (die Zeitung *Libero*). »Die Richter sind verrückt, sie sind geistig verwirrt« (Berlusconi). »Wenn ich umgebracht werde, denkt daran, dass es im sprachlichen Auftrag von Antonio Tabucchi und Furio Colombo geschehen ist, und alarmiert sofort den Geheimdienst DIGOS« (Giuliano Ferrara, Herausgeber der Zeitung *Il Foglio*). »Berlusconi ist ein echter Liberaler. Er ist enorm gut, außerordentlich gut. Ferrara hat recht, wenn er ihn an Reinheit und Genialität mit Mozart vergleicht« (Sandro Bondi, Abgeordneter der Forza Italia). »Wir sollen das Haus

---

* Die Hauptnachrichtensendung des zweiten Programms der Radiotelevisione Italiana RAI (A. d. Ü.).

dem erstbesten Bingo Bongo übergeben? Machen wir doch keine Scherze!« (Umberto Bossi).

2004. »Lauter verdammte Kommunisten, diese Richter!« (Carlo Taormina). »Berlusconi? Du weißt ja nicht, wie gut der ist. Ich bewundere ihn sehr. Putin geht vorüber, Bush geht vorüber. Am Ende bleibt keiner« (die TV-Moderatorin Simona Ventura). »Die Leute schrien zu Berlusconi: ›Geh nach Hause!‹ Auch wir haben mitgeschrien. Da sagte er zu mir: ›Sie haben ein Scheißgesicht‹« (Anna Galli, eine Bürgerin). »Ich schäme mich dafür, dass der Dichter Mario Luzi zum Senator auf Lebenszeit ernannt worden ist. Eine Person von solcher Art, die unsere Welt beleidigt ... Da wäre Mike Buongiorno[*] besser gewesen« (Maurizio Gasparri, Kommunikationsminister im 2. Kabinett Berlusconi).

2005. »Wie groß sind Sie? Einsachtundsiebzig? Übertreiben Sie nicht, kommen Sie hier vor den Spiegel, sehen Sie, ich bin einseinundsiebzig. Aber finden Sie, dass ein Mann von einseinundsiebzig ein Zwerg genannt werden kann?« (Berlusconi zu der Zeitung La Stampa). »Die Wähler waren durch den Tod des Papstes abgelenkt, und das hat sicher auch eine Rolle bei der hohen Zahl von Nichtwählern gespielt« (Enrico La Loggia, Minister für Regionale Angelegenheiten im 2. und 3. Kabinett Berlusconi). »Italien lebt im Wohlstand ... In der Klasse meines Sohnes haben die Jungs zwei Handys pro Kopf« (Berlusconi in TG 2). »Von meiner Villa habe ich einen schönen weiten Blick aufs Meer ... ich sehe auch viele Yachten. Wenn es Yachten von Reichen sind, bedeutet das, dass wir wirklich sehr viele davon haben. Die Gehälter wachsen schneller als die Inflation, der Reichtum

---

[*] Bekanntester italienischer Quizmaster seit den 1950er Jahren (A. d. Ü.).

unserer Familien hat in Europa nicht seinesgleichen« (Berlusconi zu *La Stampa*).

2006. »Ich bin Faschistin und stolz darauf. Besser Faschist als Schwuchtel« (Alessandra Mussolini in der Talkshow *Porta a Porta*). »Alles läuft prima ... Gestern bin ich mit ein paar Freunden ins Restaurant gegangen, und es gab keinen freien Platz. Am Ende haben sie sagen müssen, dass ich es war, und da haben sie einige rauskomplimentiert« (Berlusconi im Privat-TV LA7).

Da haben sie einige rauskomplimentiert. Zum Glück war es kein Regime. Schade, dass das Buch mit 2006 aufhört. Es hätte noch von einem »Family Day« berichten können, an dem in der ersten Reihe teilnahmen: mehrfach Geschiedene, Konkubinen in praktischem Dauerdienst und Junggesellen aus asketischer Eheverweigerung (darunter, statistisch gesprochen, vielleicht auch ein paar Pädophile).

25. Mai 2007

Und wenn wir versuchten,
B. zu ignorieren?

Alle haben bemerkt, dass Berlusconi, als er den Amtssitz des Premierministers verlassen hatte, auch sehr schnell von den ersten Seiten der Zeitungen verschwunden war. Und nicht, weil er es so wünschte. Aber es half nichts, er konnte tun, was er wollte, er konnte sogar seinen Freund Putin besuchen, und es war, als hätte ihn der Präsident des Rotary Clubs von Vanuatu besucht, er konnte mit neun Mädchen aus einem Hubschrauber steigen, und die Leute dachten sich, seine Sache. Und sein Beliebtheitsgrad sank in den Keller.

Jetzt, wo er angekündigt hat, dass er noch einmal kandidieren will, hat er auch wieder die ersten Seiten erobert. Beachten wir, es spielt keine Rolle, ob er es dann auch wirklich tut oder nicht, man weiß ja, wie schnell er seine Meinung von heute auf morgen ändern kann; aber für heute ist er zurück und grinst uns aus jeder Ecke an.

Berlusconi ist, das leugnet niemand, ein Werbegenie, und eines der Prinzipien, an die er sich hält, lautet: »Sprecht über mich, ruhig auch schlecht, aber sprecht über mich!« Das ist übrigens die Technik aller Exhibitionisten: Klar ist es verwerflich, vor einem Mädchengymnasium die Hosen runterzulassen und sein Gemächt zu zeigen, aber wenn du es tust, stehst du morgen mit Sicherheit auf Seite eins – und manche werden, um das zu erreichen, sogar zu Serienkillern.

Daher könnte man annehmen, dass ein Teil (ich sage ein Teil, aber ein konsistenter) von Berlusconis Charisma in den

Augen so vieler Wähler nicht so sehr oder nicht allein dem zu verdanken war, was er sagte oder tat, sondern der Beharrlichkeit, mit der seine Gegner, um ihn zu kritisieren, sein Bild aufs Titelblatt setzten.

Wie sollte man sich nun ihm gegenüber bis zu den nächsten Wahlen verhalten (ich meine nicht seine Anhänger, sondern diejenigen, die ihn als ein Unglück für unsere schwache Republik betrachten und fürchten)?

Eine Geschichte aus meiner frühen Kindheit, die mir oft erzählt worden ist, besagt, dass ich, als ich gerade anfing, die ersten Worte zu stammeln, nach »Mamma«, »Papà« und »Nonna« eines Tages plötzlich lauthals »Cagü!« krähte, mit einem Ü *à la française*, wie man es in einigen norditalienischen Dialekten kennt und wie es im Süden des Stiefels unaussprechlich ist. Woher ich diesen Ausruf hatte, der den Lexikographen gänzlich unbekannt ist, war Gegenstand von Debatten; vielleicht hatte ich einen Fluch wie »Cagòn« von Maurern gehört, die im Haus gegenüber arbeiteten und denen ich bewundernd vom Balkon aus zusah. Tatsache ist, dass Vorwürfe, Kopfnüsse und Anschreien nichts nützten, ich krähte weiter »Cagü!«, immer wieder und immer zufriedener mit der Aufmerksamkeit, die ich dadurch erzielte.

Bis es dann zum Skandal kam. Eines Sonntags, pünktlich um zwölf Uhr mittags, die Mama hielt mich im Arm, und gerade begannen die Altarschellen leise zur Wandlung zu läuten (während sonst in der Kirche kein Mucks zu hören war), drehte ich mich, ermutigt durch diese plötzliche und betäubende Stille, zum Altar und krähte aus Leibeskräften: »Cagü!«

Offenbar hatte der Priester für einen Moment die Weiheformel unterbrochen, und die entsetzten Blicke der Gläubigen zwangen meine gute Mama, die vor Scham fast verging, den heiligen Ort zu verlassen.

Natürlich musste eine Lösung gefunden werden, und es fand sich eine triumphale. Wenn ich in den nächsten Tagen »Cagü!« krähte, tat meine Mama so, als ob sie es nicht hörte. Ich insistierte: »Mamma, cagü!«, und sie antwortete (während sie weiter die Betten aufschüttelte): »Ach ja?« Ich krähte noch einmal mein »Cagü!«, und die Mama informierte meinen Papa, dass am Abend die Schwestern Faccio bei uns vorbeikommen würden.

Kurzum, meine geneigten Leser werden es schon erraten haben, erbittert über das Ausbleiben jeglicher Reaktion stellte ich mein Cagü-Geschrei ein und widmete mich fortan dem Erlernen eines reicheren und komplexeren Wortschatzes, den ich vollmundig benutzte, zur großen Befriedigung meiner Eltern, die sich beglückwünschten, einen so gelehrigen Sohn zu haben.

Ich will meine Kindheitserinnerungen nicht ausbeuten, um Ratschläge an Politiker, Kolumnisten und Zeitungslayouter zu erteilen. Aber sollten sie zufällig daran interessiert sein, nicht als Resonanzboden für einen ihrer Gegner zu dienen, könnten sie sich ein Beispiel an meiner Mutter nehmen.

2. August 2012

Die Linke und die Macht

Als es geschah, war ich nicht dabei, aber vertrauenswürdige Leute haben es mir erzählt. Also, 1996 hatte Romano Prodi die Wahl gewonnen, und zum ersten Mal kam die Linke an die Macht. Großes Fest auf der Piazza del Popolo, jubelnde Menschenmenge. Als der Parteichef D'Alema sich auf den Weg zum Podium machte, hielt ihn eine Frau am Ärmel fest und rief: »Genosse Massimo, jetzt endlich, jetzt werden wir eine starke Opposition sein!«

Ende der Geschichte, aber nicht Ende des Fluches, für den sie bezeichnend ist. Die Genossin hatte kapiert, dass ihre Partei gesiegt hatte, aber nicht, dass sie nun gezwungen war, in die Regierung zu gehen, und sie konnte sich keine linke Partei vorstellen, die gezwungen sein würde, zu einer Vielzahl von Dingen ja zu sagen, denn sie hatte sich die Partei immer als eine heroische und eigensinnige Kraft vorgestellt, die zu allem nein sagt.

Doch in ihr bündelte sich eine tragische Geschichte der europäischen Linken: Über hundertfünfzig Jahre lang hat sie als Kraft der Opposition gelebt; revolutionär, ja, aber in langem, geduldig erlittenem Warten auf den Ausbruch der Revolution (und als diese in Russland und China ausbrach und die Linke gezwungen war, zu regieren anstatt zu opponieren, wurde sie langsam zu einer konservativen Kraft).

Deswegen hat sich die Linke immer fähig und berechtigt gefühlt, nein zu sagen, und wenn einer ihrer Flügel ein halbherziges Ja wagte, hat sie ihn als »sozialdemokratisch« angeprangert und ausgestoßen, oder die Betreffenden haben die Partei von sich aus verlassen und eine neue gegründet. Deswegen ist die Linke immer bereit zu Spaltungen, ja zu einer permanenten Zellkernteilung verurteilt gewesen, und natürlich ist sie dadurch nie stark genug geworden, um an die Regierung zu gelangen – und ich möchte boshaft sagen: zu ihrem Glück, denn sonst wäre sie gezwungen gewesen, zu vielem ja zu sagen, mit allen Kompromissen, die das Regierungshandeln mit sich bringt, und als Jasagerin hätte sie jene moralische Reinheit verloren, durch die sie zwar stets unterlegen, aber störrisch befähigt war, den Versuchungen der Macht zu widerstehen. Es genügte zu denken, dass jene Macht, die sich verweigerte, diese eines Tages zerstört haben würde.

Die Geschichte von der Frau auf der Piazza del Popolo erklärt unzählige Dinge, die noch heute geschehen.

15. Mai 2015

Um Entschuldigung bitten

Kürzlich sprach ich über die neuerdings verbreitete Mode, »um Entschuldigung zu bitten«, ausgehend von den oft erhobenen Forderungen, der reuige Präsident Bush solle sich für die Misshandlungen in Abu Ghraib entschuldigen. Etwas zu tun, was man nicht tun sollte, und sich dann damit zu begnügen, um Entschuldigung zu bitten, reicht nicht. Man muss zumindest auch versprechen, es nicht mehr zu tun. Bush wird den Irak nicht ein zweites Mal überfallen, weil die Amerikaner ihn sanft von der Last seines Amtes befreit haben, aber wenn er könnte, würde er vielleicht. Viele, die den Stein werfen und dann rasch die Hand verbergen, bitten um Entschuldigung, um genauso weiterzumachen wie bisher. Denn die Bitte um Entschuldigung kostet nichts.

Ähnlich wie das Bereuen. Wer früher seine Übeltaten bereute, versuchte, sie zuerst irgendwie wiedergutzumachen, und dann widmete er sich einem Leben in Reue, zog sich in die Thebais zurück, um sich die Brust mit spitzen Steinen zu martern, oder ging die Leprakranken in Afrika pflegen. Heute begnügt sich der Reuige damit, seine Exgefährten zu denunzieren, dann genießt er entweder besonderen Schutz unter neuer Identität in bequemen und gut bewachten Wohnungen, oder er wird vorzeitig aus dem Gefängnis entlassen und schreibt Bücher, gibt Interviews, trifft Staatschefs und empfängt leidenschaftliche Briefe von romantischen Mädchen.

Unter *http://www.sms-pronti.com/sms_scuse_3.htm* findet man eine Liste von »Formeln, sich zu entschuldigen«. Die lapidarste ist: »S. C. U. S. A. Sono Chiaramente Uno Stronzo Ameno« [Entschuldige, ich bin klar ein heiteres Arschloch]. Auf der Website *http://news2000.libero.it/noi2000/nc63.html*, betitelt »Die Kunst, sich zu entschuldigen«, liest man: »Die wichtigste Regel ist, sich nie als Verlierer zu fühlen, wenn man sich entschuldigt. Um Pardon zu bitten ist kein Synonym für Schwäche, sondern für Kontrolle und Kraft, es bedeutet sofortige Rückkehr zur Vernunft, indem man den anderen verblüfft, so dass er zuhören muss. Die eigenen Fehler zuzugeben ist eine befreiende Geste: Es hilft, die Gefühle nach außen zu kehren, ohne sie zu unterdrücken, um sie intensiver zu erleben.« *Quod erat demonstrandum:* Um Entschuldigung bitten ist Kraft tanken, um weitermachen zu können.

Wenn der Schuldige noch lebt, muss er persönlich um Entschuldigung bitten. Was aber, wenn er tot ist? Als Papst Johannes Paul II. um Entschuldigung für den Prozess gegen Galilei bat, hat er den Weg gewiesen. Obwohl einer seiner Vorgänger (oder Kardinal Bellarmin) den Fehler begangen hatte, bittet der legitime Erbe um Entschuldigung. Allerdings ist nicht immer klar, wer als legitimer Erbe gelten kann. Wer soll zum Beispiel für den Kindermord in Bethlehem um Entschuldigung bitten? Der Schuldige war Herodes, der in Jerusalem regierte, also wäre der einzige legitime Erbe die israelische Regierung. Doch entgegen dem, was uns letztlich Paulus hat glauben lassen, sind die wahren und direkten Verantwortlichen für den Tod Jesu nicht die infamen Juden, sondern die Herrscher in Rom, und zu Füßen des Kreuzes standen Centurionen und nicht Pharisäer. Nach dem Untergang des Römischen Reiches ist der einzige verbliebene Erbe der alten Römer der Staat Italien, und deshalb müsste der italienische Staatspräsident sich für die Kreuzigung entschuldigen.

Wer bittet für den Vietnamkrieg um Entschuldigung? Vielleicht der nächste Präsident der Vereinigten Staaten oder jemand aus der Familie Kennedy, womöglich die sympathische Kerry? Bei der russischen Revolution und dem Mord an der Zarenfamilie gibt es keine Zweifel, denn der einzige wahre, treue und legitime Erbe des Leninismus und Stalinismus ist Putin. Und bei dem Massaker der Bartholomäusnacht? Da ist es die Französische Republik als Erbin der Monarchie, aber weil der Kopf und die Seele des Ganzen damals eine Königin war, nämlich Caterina de' Medici, fiele die Aufgabe, um Entschuldigung zu bitten, heute wohl Carla Bruni zu.

Sodann gäbe es auch einige schwierige Fälle. Wer bittet für das Ungemach um Entschuldigung, das Ptolemäus verursacht hat, der wahre Inspirator des Urteils gegen Galilei? Wenn er, wie es heißt, in der Stadt Ptolemais geboren ist, die in der Kyrenaika lag, müsste Gaddafi um Entschuldigung bitten, aber wenn er aus Alexandria stammte, wäre Mubarak zuständig. Wer bittet für die KZs und Vernichtungslager um Entschuldigung? Die einzigen lebenden Erben der Nazis sind die diversen neonazistischen Bewegungen, und die sehen nicht danach aus, als wollten sie sich entschuldigen, im Gegenteil, wenn sie könnten, würden sie es wieder tun.

Und wer bittet für die Morde an Giacomo Matteotti und an den Brüdern Carlo und Nello Rosselli um Entschuldigung? Das Problem ist, wer heute die »wahren« Erben des Faschismus sind, und ich gestehe, dass diese Frage mich in Verlegenheit bringt.

24. Dezember 2008

Das Wundermittel Mortacc

Zur Linderung einiger Gelenkschmerzen hat mir der Arzt ein Mittel verschrieben, das ich, um Ärger mit der Rechtsabteilung des Pharmakonzerns zu vermeiden, hier mit einem Phantasienamen als Mortacc bezeichne.

Wie jeder vernünftige Mensch habe ich vor der Einnahme den sogenannten Beipackzettel gelesen, der einem als erstes aufzählt, in welchen Fällen man das Mittel nicht einnehmen darf (zum Beispiel wenn man dazu eine Flasche Wodka trinkt, wenn man einen Lastzug nachts von Mailand nach Cefalù lenken muss, wenn man Lepra hat oder wenn man mit drei Zwillingen schwanger ist). Nun weist mich der Beipackzettel darauf hin, dass man bei der Einnahme von Mortacc einige allergische Reaktionen haben kann, Schwellungen im Gesicht, an den Lippen und im Rachen, Schwindelanfälle und Schlafsucht sowie (bei Älteren) Sturzgefahr, Trübung oder Verlust der Sehkraft, Beschädigungen der Wirbelsäule, Herz- und / oder Niereninsuffizienz sowie verminderte Harnausscheidung. Einige Patienten haben Suizid- und Selbstverstümmelungswünsche geäußert, und für diesen Fall wird empfohlen (ich stelle mir vor, wenn der Patient gerade versucht, sich aus dem Fenster zu stürzen), einen Arzt zu rufen (oder besser vielleicht die Feuerwehr). Natürlich kann Mortacc auch Verstopfung, Darmverengung und -krämpfe verursachen und, wenn es zusammen mit anderen Medikamenten eingenommen wird, Atemnot und Fall ins Koma.

Übergehen wir das absolute Fahrverbot, das nicht nur für

Automobile gilt, sondern auch für andere komplexe Maschinerien, und verboten sind auch potentiell gefährliche Aktivitäten (ich stelle mir vor, einen Presslufthammer zu betätigen, wenn man auf einem Eisenträger im fünfzigsten Stock eines Wolkenkratzers steht). Und im Falle einer versehentlichen Einnahme von Mortacc in höherer Dosis als der vorgeschriebenen muss man damit rechnen, sich verwirrt, betäubt, erregt oder unruhig zu fühlen; hat man dagegen zu wenig eingenommen oder die Kur schlagartig eingestellt, kann es zu Schlafstörungen, Kopfschmerzen, Übelkeit, Angstneurosen, Durchfall, Krämpfen, Depressionen, Schweißausbrüchen und Schwindelanfällen kommen.

Bei mehr als einem Prozent der Betroffenen kommt es zu Appetitsteigerung, Erregung, Verwirrung, Libidoeinbußen, Reizbarkeit, Aufmerksamkeitsdefiziten, Unbeholfenheit *(sic)*, Gedächtnisschwäche, Tremor, Sprachstörung, Kribbelgefühl, Lethargie und Schlaflosigkeit (gleichzeitig?), Erschöpfung, Sehschwäche, Diplopie (man sieht alles doppelt), Taumel und Gleichgewichtsstörung, trockenem Mund, Erbrechen, Blähungen, Flatulenzen, Erektionsstörungen, Körperschwellungen, Brechreiz und Anomalien beim Gehen.

Bei mehr als einem Promille der Betroffenen kommt es zu Absenkung des Zuckerspiegels, veränderter Selbstwahrnehmung, Depressionen, Stimmungsschwankungen, Sprach- und Artikulationsschwierigkeiten, Gedächtnisverlust, Halluzinationen, Albträumen, Panikattacken, Apathie, Verlorenheitsgefühl *(sic)*, Orgasmusproblemen, Ejakulationsverzögerung, Verstandestrübung, verminderten Reflexen, Hautreizungen, Appetitverlust, Juckreiz, Gehschwankungen, Bewusstseinstrübungen, Ohnmacht, gesteigerter Lärmempfindlichkeit, Anomalien der Augenbewegung, trockenen Augen, geschwollenen Augen, tränenden Augen, Herzrhythmusstörungen, niedrigem Blutdruck, hohem Blutdruck, vasomotorischen Störungen, Atembeschwerden, trockener Nase, Magenblähungen, vermehrter Speichelproduktion, Sodbrennen, Verlust der Mundraumempfindlichkeit, Schweißausbrüchen, Schüttelfrost, Muskelkontraktionen und -krämpfen, Gelenkschmerzen, Rückenschmerzen, Inkontinenz, Beschwerden und Schmerzen beim Urinieren, Schwächeanfällen, Stürzen, Durstgefühlen, Beklemmungsgefühlen am Brustkorb sowie Veränderungen der Blutproben und der Leberfunktionen. Über das, was weniger als einem Promille der Betroffenen droht, will ich hier schweigen, es wäre allzu trostlos.

Ich habe es vermieden, auch nur eine einzige Pille zu nehmen, weil ich mir sicher war, dass mich sofort ein Übel befallen würde, das nicht in der Liste aufgeführt wird – nämlich Bursitis oder (wie es der unvergessliche Jerome K. Jerome genannt hat) »Housemaid's Knee«. Ich wollte den Rest sofort wegwerfen, aber dann überlegte ich: Wenn er im Müll läge, könnte er Mutationen in Mäusekolonien mit epidemischen Konsequenzen bewirken. Also habe ich alles in eine Blechschachtel gepackt, sie fest verschlossen und einen Meter tief in einem Park vergraben.

Meine Gelenkschmerzen sind mir, ich muss es sagen, inzwischen vergangen.

25. Oktober 2012

Napoleon hat es nie gegeben

Ein paar Späßchen zum Unter-den-Weihnachtsbaum-Legen. Aber auch, wie man sehen wird, ein paar Anregungen, um den Jägern nach »Mysterien« entgegenzutreten. Den letzten Auftritt eines Mysterienjägers haben wir derzeit im Fernsehen mit einer Sendung, die den (kabbalistischen) Titel *Adam Kadmon* trägt und von einem maskierten Moderator präsentiert wird. Es wäre nicht der Mühe wert, darüber zu reden, denn über solche Sendungen fällt allwöchentlich Maurizio Crozza mit seinem Kazzenger* her, aber bezeigen wir unsere Ehrerbietung dem Crozza der Vergangenheit.

Ich besaß seit langem eine späte italienische Übersetzung (1914) eines Büchleins von einem gewissen J.-B. Pérès mit dem Titel *Napoleone non è mai esistito* (Napoleon hat es nie gegeben), aber gerade in diesen Tagen ist es mir gelungen, die französische Erstausgabe von 1835 zu ergattern, die den Titel *Grand erratum, source d'un nombre infini d'errata* hat. Darin beweist der Autor, dass Napoleon nur eine Personifizierung der Sonne ist, und argumentiert mit einer Fülle von Belegen in Form von Analogien zwischen Sonne und Apollo (und »Napoleo« bedeute »wahrhaft Apollo der Exterminator«), der ebenfalls auf einer Mittelmeerinsel geboren sei, während Napoleons Mutter Letizia die Morgenröte bedeute, und Letizia komme von Latona, der Mutter des Apollo. Napoleon hatte drei Schwestern, die selbstverständlich die drei Grazien sind, vier Brüder,

---

* Eine Satiresendung im italienischen Privatfernsehen (A. d. Ü.).

welche die vier Jahreszeiten symbolisieren, und zwei Frauen (die Erde und Frau Luna). Seine zwölf Marschälle waren die zwölf Tierkreiszeichen, und wie die Sonne hat Napoleon am Mittag triumphiert (*au Midi*, also im Süden) und ist im Norden verdunkelt worden.

Napoleon hat die Geißel der Revolution beendet, und das erinnert an die Tötung des Monsters Python durch Apollo. Die Sonne geht im Osten auf und im Westen unter, und Napoleon war aus Ägypten gekommen, um Frankreich zu beherrschen, und er ist im westlichen Meer gestorben, nach einer Regierungszeit von zwölf Jahren, die nichts anderes sind als die zwölf Stunden des Tages. »Somit ist bewiesen, dass der angebliche Held unseres Jahrhunderts nichts als eine allegorische Person ist, deren Attribute alle der Sonne entnommen sind.«

Auch Pérès konnte Unsinn erzählen, aber er tat es, um das Buch *L'origine de tous les cultes* von Charles-François Dupuis (1794) zu parodieren, in dem behauptet wird, dass Religionen, Fabeln, Theogonien und Mysterien nichts anderes seien als physische und astronomische Allegorien.

Pérès zufolge hat ein gewisser Aristarco Newlight (*Historic Certainties*, 1851, dessen Erstausgabe ich bisher nicht gefunden habe), ähnliche Argumente benutzt, um gegen das *Leben Jesu* von David Strauß und dessen kritisch-rationalistische Lesart der Evangelien zu polemisieren. Aber noch vor Pérès hatte Richard Whately sein Buch *Historic Doubts Relative to Napoleon Buonaparte* veröffentlicht, und auch davon habe ich die Erstausgabe von 1819 gefunden. Whately war ein englischer Theologe, der auch Erzbischof von Dublin wurde und sehr ernsthafte Bücher über religiöse und philosophische Themen geschrieben hatte – und ein Buch von ihm über Logik hat später Charles Sanders Peirce beeinflusst. Whately hatte sich darauf verlegt, die diversen rationalistischen Schriftsteller zu widerlegen (besonders Hume), die pseudohistorische Ereignisse leugneten, wie die der Heiligen Schrift und der Wundergeschichten, weil es dafür keine empirischen Beweise gebe. Whately widerspricht Hume und seinesgleichen nicht, sondern treibt seine Thesen zu den letzten Konsequenzen und zeigt, dass so gesehen auch die Berichte über die napoleonischen Unternehmungen (die ja auch etwas Wunderbares an sich haben) nicht immer von erster Hand sind, dass nicht viele seiner Zeitgenossen Napoleon wirklich gesehen haben und dass ein Großteil dessen, was über ihn gesagt wird, Erzählungen aufgrund von anderen Erzählungen waren.

Solche antiquarischen Trouvaillen sind Kostbarkeiten für Sammler, denn – und zum Glück für die Leser – von den drei Texten, die ich genannt habe, gibt es eine Sellerio-Ausgabe, *L'imperatore inesistente*, herausgegeben von Salvatore Nigro (1989, für nur sieben Euro), und die können Sie unter den Weihnachtsbaum legen. Aber kurz und gut, mich hat es amüsiert, diese Kazzengers *ante litteram* auszugraben. Zwar haben meine drei Autoren keine Satiren über die Mysterienjäger verfasst, sondern über Denker, die die Mysterien auszurotten versuchten, und daher waren sie im Grunde Reaktionäre. Aber die Methode bleibt instruktiv: Treibt die Thesen der anderen bis zum Äußersten, und ein Hohngelächter wird sie begraben.

24. Dezember 2014

Die Hohlköpfe
und die verantwortliche Presse

Sehr amüsiert habe ich mich über die Sache mit den Hohlköpfen im Netz. Für diejenigen, die sie nicht verfolgt haben:
Da stand neulich online und in einigen Zeitungen zu lesen,
ich hätte in einer sogenannten *Lectio magistralis* in Turin gesagt, das Internet sei voller Hohlköpfe. Das stimmt nicht. Die
Vorlesung ging über etwas ganz anderes, aber daran kann
man sehen, wie die Nachrichten zwischen Printmedien und
Netz hin und her schwirren und sich dabei deformieren.

Die Sache mit den Hohlköpfen war in einer anschließenden
Pressekonferenz aufgekommen, in deren Verlauf ich beim Beantworten zahlreicher Fragen eine Bemerkung gemacht hatte, die sich allein aus gesundem Menschenverstand ergab. Angenommen, unter den sieben Milliarden Menschen auf dem
Planeten gibt es eine unvermeidliche Dosis von Hohlköpfen,
so teilten früher die meisten von ihnen ihre Faseleien den
nächsten Anverwandten oder den Freunden in der Bar mit,
und die Verbreitung ihrer Meinungen blieb auf einen kleinen
Kreis beschränkt. Heute hat eine beträchtliche Anzahl dieser
Personen die Möglichkeit, ihre Meinungen über die sozialen
Netzwerke zu verbreiten. Deswegen erreichen diese Meinungen ein sehr großes Publikum und vermischen sich dort mit
denen von vernünftigen Personen.

Man beachte, dass mein Begriff von Hohlkopf keine rassistischen Konnotationen enthielt. Niemand ist Hohlkopf von
Beruf (abgesehen von seltenen Ausnahmen), aber jemand, der

ein exzellenter Drogist, ein exzellenter Chirurg oder ein exzellenter Bankangestellter ist, kann über Themen, von denen er nichts versteht oder über die er nicht genug nachgedacht hat, dummes Zeug von sich geben. Auch weil die Reaktionen im Netz immer sehr auf die Schnelle erfolgen, ohne dass man viel Zeit zum Nachdenken hat.

Es ist richtig, dass das Netz auch denen erlaubt, ihre Meinung zu äußern, die unvernünftige Sachen sagen, aber das Übermaß an Dummheiten verstopft die Kanäle. Und einige maßlose Reaktionen, die ich danach im Netz gefunden habe, bestätigen meine sehr vernünftige These. Da behauptete jemand, ich hätte gesagt, die Meinungen eines Idioten hätten im Netz denselben Wert wie die eines Nobelpreisträgers, und sofort brandete eine sinnfreie Diskussion über die Frage auf, ob ich den Nobelpreis angenommen hätte oder nicht. Ohne dass irgendwer mal in Wikipedia nachgeschaut hätte. Dies nur um zu zeigen, wie sehr die Leute geneigt sind, aufs Geratewohl loszulabern. In jedem Fall ist die Zahl der Hohlköpfe jetzt quantifizierbar: Es sind mindestens 300 Millionen. Denn wie es scheint, hat Wikipedia in letzter Zeit 300 Millionen Nutzer verloren. Lauter Netsurfer, die nicht mehr surfen, um Informationen zu finden, sondern lieber permanent online mit ihresgleichen schwatzen (womöglich aufs Geratewohl).

Ein normaler Netznutzer müsste imstande sein, wirre Ideen von gut artikulierten zu unterscheiden, aber er kann es nicht immer, und hier stellt sich das Problem des Filterns, das nicht nur die auf Twitter oder in Blogs geäußerten Meinungen betrifft, sondern von dramatischer Bedeutung für alle Websites ist, in denen (und ich möchte den sehen, der das leugnet) sowohl sehr glaubwürdige und nützliche Dinge zu finden sind als auch Phantastereien aller Art, Anprangerungen inexistenter Komplotte, Verleugnungen, Rassismen oder auch nur sachlich falsche, ungenaue oder schludrige Angaben.

Wie das filtern? Jeder von uns kann Informationen filtern, wenn er Websites konsultiert, die Themen betreffen, in denen er sich auskennt, aber ich hätte zum Beispiel Schwierigkeiten festzustellen, ob eine Seite über die Stringtheorie korrekte Angaben enthält oder nicht. Auch die Schule kann hier nicht helfen, weil auch die Lehrenden sich in derselben Situation befinden wie ich, und ein Griechischlehrer kann hilflos vor einer Website stehen, die von der Katastrophentheorie oder auch nur vom Dreißigjährigen Krieg handelt.

Es bleibt nur eine Lösung. Die Zeitungen sind oft Hörige des Netzes, weil sie sich daraus Nachrichten holen und manchmal auch Märchen, wodurch sie ihrem größten Konkurrenten Stimme verleihen – und dennoch ständig hinter ihm herhinken. Stattdessen müssten sie jeden Tag mindestens eine Seite der Analyse von Websites widmen (so wie man Bücher oder Filme bespricht), um die guten zu empfehlen und vor denen zu warnen, die Ungenauigkeiten oder Unsinn verbreiten. Das wäre ein immenser Dienst am Publikum und vielleicht auch ein Grund für viele Netsurfer, die sich von den Zeitungen abgewandt haben, wieder öfter in ihnen zu blättern.

Um solch ein Unternehmen anzupacken, benötigt eine Zeitung natürlich Scharen von Analytikern, die sie oft außerhalb der Redaktion suchen müsste. Sicher wird das nicht billig sein, aber es wäre ein kulturell wertvolles Unternehmen und würde den Anfang einer neuen Funktion der Presse markieren.

26. Juni 2015

Inhalt